PATH OF EXILE 2: DAWN OF THE HUNT SPIELANLEITUNG

Schalten Sie leistungsstarke Strategien frei, schaffen Sie Synergien und dominieren Sie das Endspiel

JAXON A. CREED

Haftungsausschluss

Dieses Buch ist ein inoffizieller Leitfaden für *Path of Exile 2: Dawn of the Hunt*. Es ist nicht autorisiert, unterstützt oder mit den Erstellern verbunden *Path of Exile 2*. Alle Marken, Logos und Inhalte im Zusammenhang mit *Path of Exile 2* sind Eigentum von *Path of Exile 2: Dawn of the Hunt*.

INHALTSVERZEICHNIS

EINFÜHRUNG

Path of Exile 2: Dawn of the Hunt stellt eine bedeutende Entwicklung in der dar *Pfad des Exils* Franchise, das neue Mechaniken, erweiterte Inhalte und ein noch tieferes Maß an Anpassungsmöglichkeiten für Spieler einführt. Als Action-Rollenspiel (ARPG) verspricht es mit seiner dunklen, komplexen Welt und den hochgradig anpassbaren Systemen, die das Franchise bei vielen beliebt gemacht haben, ein noch intensiveres Erlebnis. Dieser Abschnitt bietet eine ausführliche Einführung in das Spiel, einschließlich seines Setting, der wichtigsten Funktionen, Innovationen und neuen Ergänzungen *Morgendämmerung der Jagd*. Außerdem erhalten Sie Hinweise dazu, wie Sie diesen Leitfaden nutzen können, um auf Ihrer Reise durch das Spiel den größtmöglichen Nutzen zu erzielen.

Spielübersicht und -einstellung

Path of Exile 2: Dawn of the Hunt spielt in der düsteren Fantasy-Welt Wraeclast, in der Spieler die Rolle eines Verbannten übernehmen, der in einer rauen, unbarmherzigen Umgebung ums Überleben kämpft. Die Geschichte folgt den Ereignissen des Originals *Pfad des Exils*, aber diese Fortsetzung führt neue Erzählelemente, neue Charaktere und eine tiefere Erkundung der Geheimnisse der Welt ein.

Die Welt von Wraeclast

Wraeclast ist ein Land voller Ruinen, zerbrochener Königreiche und uralter Mächte, die seine Geschichte geprägt haben. In *Path of Exile 2* ist die Welt in mehrere Regionen unterteilt, jede mit ihrer eigenen Geschichte, ihrem eigenen Wissen und ihren eigenen Herausforderungen. Spieler erkunden weite Landschaften, die von dichten Wäldern und trockenen Wüsten bis hin zu mystischen Städten und bedrohlichen Verliesen reichen. Die Umgebung selbst erzählt eine

Geschichte und die Spieler entdecken ihre Geheimnisse durch Erkundung und Quests.

Neue Charaktere und Fraktionen

Das Spiel stellt neue Fraktionen und Charaktere vor, von denen jede ihre eigenen Pläne hat. Diese Charaktere spielen eine wichtige Rolle in der Handlung und bieten den Spielern wichtige Quests und wertvolle Einblicke in die umfangreiche Hintergrundgeschichte des Spiels. Einige Fraktionen sind neutral, während andere entweder dem Guten oder dem Bösen zugetan sind, was den Spielern die Möglichkeit gibt, Allianzen zu schmieden oder den Status quo in Frage zu stellen.

Die Handlung

Die Handlung von *Morgendämmerung der Jagd* taucht tiefer in die Geheimnisse von Wraeclast ein und konzentriert sich auf die Jagd nach einer neuen, schrecklichen Bedrohung, die aufgetaucht ist, um das fragile Gleichgewicht der Welt herauszufordern. Die Spieler werden auf neue Feinde treffen, sowohl menschliche als auch monströse, und sich einer Reihe von Herausforderungen stellen, die sie an ihre Grenzen bringen. Die Handlung entfaltet sich, während die Spieler neue Regionen erkunden und erobern und dabei Geheimnisse über die Geschichte von Wraeclast und die um die Kontrolle wetteifernden Mächte aufdecken.

Hauptmerkmale und Innovationen

Path of Exile 2 baut auf den Erfolgen seines Vorgängers auf und führt gleichzeitig mehrere Innovationen ein, die das Spielerlebnis verbessern. In diesem Abschnitt werden die bemerkenswertesten Funktionen des Spiels behandelt, wobei der Schwerpunkt darauf liegt, wie diese Verbesserungen die Kernspielschleife verfeinern und erweitern.

Neue Fertigkeitssysteme und Kampfmechaniken

Eine der wichtigsten Innovationen in *Morgendämmerung der Jagd* ist die Überarbeitung der Fertigkeits- und Kampfsysteme. Das Spiel führt einen flüssigeren Kampfstil ein und betont die Bedeutung von Positionierung, Timing und Fähigkeitssynergien. Neue Fähigkeiten und Fertigkeiten sind jetzt in das Kampfsystem integriert, sodass Spieler einzigartige Builds mit unterschiedlichem Komplexitätsgrad erstellen können.

Zusätzlich, *Path of Exile 2* führt dynamischere Interaktionen zwischen Fertigkeiten ein, die von den Spielern verlangen, im Kampf kritisch über ihre Strategien nachzudenken. Diese Verschiebung bietet eine tiefere Ebene der Komplexität, die sowohl erfahrene als auch neue Spieler gleichermaßen anspricht.

Aktualisierte Visuals und immersive Umgebungen

Ein weiteres wichtiges Merkmal von *Morgendämmerung der Jagd* ist die deutliche optische Aufwertung. Das Spiel verfügt über eine verbesserte Grafik und erweckt die Welt von Wraeclast mit atemberaubenden Umgebungsdetails, realistischer Beleuchtung und noch intensiveren Animationen zum Leben. Dieses visuelle Upgrade verbessert die Gesamtatmosphäre und macht die dunkle, düstere Welt für die Spieler noch spannender.

Erweiterte Charakteranpassung

Das Charakteranpassungssystem wurde erheblich erweitert und bietet Spielern mehr Kontrolle darüber, wie ihre Charaktere aussehen und spielen. Zusätzlich zu mehr Fertigkeitsoptionen können Spieler jetzt ihr Aussehen detaillierter ändern, einschließlich der Anpassung der Ausrüstung und visueller Effekte. Dieser Zusatz erleichtert es den Spielern, wirklich einzigartige Charaktere zu erstellen, die ihren Spielstil widerspiegeln.

Neue Endgame-Funktionen

Morgendämmerung der Jagd führt außerdem erweiterte Endgame-Inhalte ein, darunter neue Bosse, hochstufige Herausforderungen und eine tiefere, komplexere Version des Atlas-Systems. Diese Updates bieten den Spielern eine Vielzahl neuer Ziele, die sie nach Abschluss des Spiels erobern können, und stellen so sicher, dass es im Endspiel immer etwas zu erreichen gibt, nach dem sie streben können.

Neuzugänge in *Morgendämmerung der Jagd*

In diesem Abschnitt werden die spezifischen neuen Funktionen erläutert, die in eingeführt wurden *Path of Exile 2: Dawn of the Hunt*. Diese Ergänzungen stellen große Fortschritte in der Mechanik und Erzählung des Spiels dar und sollen das Gesamterlebnis des Spielers verbessern.

Die neuen Kampagnen- und Story-Elemente

In *Morgendämmerung der Jagd*erleben die Spieler eine neue Kampagne, die neue Handlungsstränge und Charaktere einführt und gleichzeitig auf den im ersten Spiel etablierten Überlieferungen aufbaut. Die Kampagne bietet neue Quests, einzigartige Orte und verschiedene Herausforderungen, die dafür sorgen, dass sich jedes Gebiet anders anfühlt und es spannend zu erkunden ist. Diese Änderung bietet Spielern, die in die Welt von Wraeclast investieren, mehr Tiefe und Wiederspielbarkeit.

Die Ascendancy-Überarbeitung

Das Ascendancy-System wurde komplett überarbeitet. In der Vergangenheit waren Aszendenzklassen an bestimmte Spielstile gebunden, aber *Morgendämmerung der Jagd* Gibt den Spielern mehr Freiheit bei der Wahl ihres Aufstiegs. Mit einem erweiterten

Fertigkeitsbaum und zusätzlichen Optionen zum Anpassen ihrer Charaktere können Spieler jetzt vielseitigere und kreativere Builds erstellen.

Erweiterte Multiplayer-Funktionen

Morgendämmerung der Jagd hat seine Multiplayer-Aspekte erheblich verbessert, was eine reibungslosere Zusammenarbeit und ein wettbewerbsfähiges Gameplay ermöglicht. Die neuen Systeme erleichtern es Spielern, Gruppen beizutreten, Gegenstände zu tauschen und sogar an PvP-Modi teilzunehmen. Diese Verbesserungen sorgen dafür, dass der Mehrspielermodus ansprechender und zugänglicher wird und es einfacher wird, Communities innerhalb des Spiels aufzubauen.

So verwenden Sie dieses Handbuch

Dieser Abschnitt enthält Tipps zur effektiven Navigation und Nutzung des Leitfadens, um sicherzustellen, dass die Leser den größtmöglichen Nutzen aus dem Inhalt ziehen können.

Informationen schnell finden

Um das Auffinden spezifischer Themen zu erleichtern, ist der Leitfaden in klare Abschnitte unterteilt, die jeweils Unterüberschriften enthalten, die sich direkt auf die Kernmechanik und -systeme des Spiels beziehen. Egal, ob Sie Hilfe bei der Charaktererstellung, Komplettlösungen für Quests oder Endgame-Strategien suchen, der Leitfaden ist so aufgebaut, dass Sie schnell die Informationen finden, die Sie benötigen.

Schritt-für-Schritt-Anleitungen

Der Leitfaden enthält detaillierte Schritt-für-Schritt-Anleitungen für verschiedene Gameplay-Elemente, wie z. B. die

Charakterentwicklung, das Abschließen von Quests und die Verwaltung von Ressourcen. Diese Anweisungen helfen neuen Spielern, die Grundlagen zu verstehen, und vermitteln fortgeschrittenen Spielern gleichzeitig detaillierte Strategien, um die anspruchsvollsten Inhalte zu meistern.

Expertentipps und Einblicke

Im gesamten Leitfaden finden Spieler Expertentipps und Strategien, die ihnen helfen sollen, ihr Spielerlebnis zu optimieren. Diese Erkenntnisse basieren auf fundiertem Wissen über *Morgendämmerung der Jagd* und sind so gestaltet, dass sie den Spielern in allen Aspekten des Spiels einen Wettbewerbsvorteil verschaffen.

Bonusabschnitte und versteckte Funktionen

Als zusätzlichen Bonus enthält der Leitfaden einen Abschnitt über versteckte Geheimnisse und Ostereier, die in der Spielwelt gefunden werden. Diese versteckten Juwelen sorgen für zusätzliche Spannung und Entdeckung für Spieler, die Spaß daran haben, die Umgebung und Hintergrundgeschichte des Spiels umfassend zu erkunden.

KAPITEL 1

ERSTE SCHRITTE MIT DEN GRUNDLAGEN

Beginnen Sie Ihre Reise in *Path of Exile 2: Dawn of the Hunt* ist ein spannendes Erlebnis. Dieser Abschnitt soll Ihnen bei den grundlegenden Schritten helfen, die erforderlich sind, um das Spiel zum Laufen zu bringen. Von der Installation über die Erstellung Ihres ersten Charakters bis hin zum Verständnis der Benutzeroberfläche stellt dieser Leitfaden sicher, dass Sie auf Ihr Abenteuer in Wraeclast vorbereitet sind. Egal, ob Sie ein Neuling in der Serie sind oder für einen weiteren Lauf zurückkehren, dieser Abschnitt bereitet die Bühne für alles, was Sie wissen müssen.

Installieren und Starten des Spiels

Systemanforderung

Bevor Sie mit dem Spiel beginnen, müssen Sie unbedingt sicherstellen, dass Ihr System die Mindest- oder empfohlenen Anforderungen zum Ausführen erfüllt *Path of Exile 2: Dawn of the Hunt*. Dieses Spiel stellt anspruchsvolle Grafik- und Rechenanforderungen, insbesondere wenn es um die Darstellung detaillierter Umgebungen und die Verwaltung komplexer Kampfszenen geht.

Mindestsystemanforderungen:

- **DU:** Windows 7 (64-Bit) oder neuer, macOS 10.12 oder neuer oder Linux (über SteamOS)

- **Prozessor:** Dual-Core-CPU (2,6 GHz)

- **Erinnerung:** 8 GB RAM

- **Grafik:** NVIDIA GeForce GTX 760 oder AMD Radeon RX 560 (DirectX 11-kompatibel)

- **Lagerung:** 40 GB freier Speicherplatz (SSD für optimale Leistung bevorzugt)

Empfohlene Systemanforderungen:

- **DU:** Windows 10 (64-Bit), macOS 10.14 oder neuer

- **Prozessor:** Quad-Core-CPU (3,4 GHz oder schneller)

- **Erinnerung:** 16 GB RAM

- **Grafik:** NVIDIA GeForce GTX 1070 oder AMD Radeon RX 5700

- **Lagerung:** 40 GB freier Speicherplatz auf der SSD

Stellen Sie sicher, dass Ihr System für das beste Erlebnis bereit ist, indem Sie diese Spezifikationen vor der Installation überprüfen.

Installationsprozess

Zu installieren *Path of Exile 2: Dawn of the Hunt*, befolgen Sie diese Schritte:

1. **Laden Sie den Game-Client herunter**
   Gehen Sie zum Beamten *Pfad des Exils* Website oder Steam. Für Nicht-Steam-Spieler können Sie den offiziellen Spielclient direkt von herunterladen *Pfad des Exils* Webseite. Wenn Sie

Steam verwenden, suchen Sie einfach im Steam-Store nach dem Spiel und klicken Sie auf „Installieren".

2. **Führen Sie das Installationsprogramm aus**
Wenn Sie den Client von der Website herunterladen, öffnen Sie nach Abschluss des Downloads das Installationsprogramm.

Befolgen Sie die Anweisungen auf dem Bildschirm, um das Spiel am gewünschten Ort zu installieren.

3. **Patchen Sie das Spiel**
Starten Sie nach der Installation den Spielclient. Das Spiel sucht nach Updates und Patches, bevor Sie mit dem Spielen beginnen können. Dies kann abhängig von Ihrer Internetgeschwindigkeit und der Größe des Updates einige Zeit dauern.

4. **Erstellen Sie ein Konto oder melden Sie sich an**
Öffnen Sie nach der Installation das Spiel und erstellen Sie ein Konto bei *Pfad des Exils* falls Sie noch keins haben. Sie müssen einen Benutzernamen, eine E-Mail-Adresse und ein Passwort angeben. Zurückkehrende Spieler können sich einfach mit ihren bisherigen Zugangsdaten anmelden.

5. **Starten Sie das Spiel**
Sobald Sie angemeldet sind, werden Sie vom Spiel aufgefordert, eine Region für Ihre Serververbindung auszuwählen. Wählen Sie für eine optimale Leistung diejenige aus, die Ihrem Standort am nächsten liegt.

Charaktererstellung: Wählen Sie Ihre Klasse

In *Path of Exile 2: Dawn of the Hunt*Die Charaktererstellung beginnt mit der Auswahl Ihrer Klasse. Jede Klasse repräsentiert einen eigenen Spielstil und die Wahl, die Sie treffen, wird Ihr frühes Gameplay, Ihre Fertigkeitsoptionen und Ihre zukünftige Entwicklung beeinflussen. Das Spiel führt neue Klassen mit ein *Morgendämmerung der Jagd*, Erweiterung des Originals *Pfad des Exils* System.

Die Grundklassen enthalten:

- **Marodeur** – Konzentriert sich auf Stärke und Nahkampf mit einer Vielzahl von Tank- und Schadensverursacherfähigkeiten.

- **Ranger** – Die Geschicklichkeitsklasse, geübt im Umgang mit Bögen, Fallen und auf Beweglichkeit basierenden Angriffen. Ranger sind oft Fernkämpfer, die auf Schnelligkeit und Präzision spezialisiert sind.

- **Hexe** – Eine Klasse, die sich der Intelligenz und mächtigen Elementar- und Chaoszaubern widmet. Witch ist ideal für Spieler, die arkane Kräfte nutzen möchten.

- **Duellant** – Eine Hybridklasse, die Stärke und Geschicklichkeit vereint und sich sowohl im Nahkampf als auch in geschickten Angriffsstrategien auszeichnet.

- **Templer** – Eine Kombination aus Stärke und Intelligenz, mit Schwerpunkt auf Zaubersprüchen und physischem Kampf. Der Templer ist eine vielseitige Klasse, die sowohl in der Offensive als auch in der Defensive hervorragende Leistungen erbringt.

Neue Klassen in *Morgendämmerung der Jagd*:

- **Aufsteigend** – Eine flexiblere Version der anderen Klassen, die es Spielern ermöglicht, Fähigkeiten aus verschiedenen Klassenbäumen zu kombinieren, um die Anpassung zu verbessern.

- **Schattengeboren** – Eine Klasse, die dunkle Magie und Heimlichkeit beherrscht und sich auf Angriffe spezialisiert, die Feinde schwächen und das Schlachtfeld kontrollieren.

Auswählen einer Klasse und eines Build-Pfads

Die Wahl der richtigen Klasse hängt von Ihrem bevorzugten Spielstil ab. Möchten Sie mit roher Kraft durch Horden von Feinden kämpfen? Bedenken Sie das **Marodeur** oder **Templer**. Bleiben Sie lieber auf Distanz und erledigen Sie Ihre Gegner mit präzisen Schüssen? Der **Ranger** passt vielleicht am besten. Wenn es Ihnen Spaß macht, mächtige Zaubersprüche zu wirken oder Elemente zu manipulieren, dann ist das der Fall **Hexe** wird Ihre Anlaufstelle sein.

Sobald Sie Ihre Klasse ausgewählt haben, werden Sie zu der geführt **Aufstiegspfad** Dadurch werden die Fähigkeiten und der Spielstil Ihres Charakters weiter verfeinert. Diese Wahl ist wichtig, da sie sich dramatisch auf die Art der Fähigkeiten und Fertigkeiten auswirkt, die Sie später freischalten.

Charakteranpassung

Sobald Sie Ihre Klasse ausgewählt haben, können Sie das Aussehen Ihres Charakters anpassen. *Path of Exile 2* bietet umfangreiche Optionen, einschließlich der Änderung von Gesichtszügen, Hautton, Frisuren und mehr. Obwohl die Individualisierung in erster Linie kosmetischer Natur ist, hilft sie dabei, einen Charakter zu schaffen, der Ihren Stil widerspiegelt und Ihrer Reise ein persönliches Gefühl verleiht.

Navigieren in der Benutzeroberfläche

Beim Einloggen ist das Hauptmenü Ihr zentraler Knotenpunkt. Hier finden Sie Optionen wie:

- **Spielen** – Hier können Sie Ihren Charakter auswählen und Ihre Reise beginnen.

- **Optionen** – Ändern Sie Spieleinstellungen, einschließlich Grafik, Audio und Steuerung.

- **Geschäft** – Greifen Sie auf den Mikrotransaktionsshop zu, in dem Sie Kosmetika, Charakter-Skins und andere Gegenstände kaufen können, um Ihr Gameplay zu verbessern.

- **Erfolge** – Sehen Sie sich Ihren Fortschritt im Spiel an, einschließlich Quests, Herausforderungen und Meilensteinen.

- **Sozial** – Verwalte Freunde, Partys, Gilden und Handel.

In-Game-Schnittstelle

Die meisten Ihrer Interaktionen finden über die Benutzeroberfläche im Spiel statt. Zu den Schlüsselkomponenten gehören:

- **Gesundheits- und Manariegel** – Diese befinden sich oben links und zeigen Ihre aktuelle Gesundheit und Ihr Mana an. Hier können Sie Tränke und Buffs hinzufügen, um Ressourcen schnell wieder aufzufüllen.

- **Heiße Bar** – In der Hotbar am unteren Bildschirmrand platzieren Sie Ihre am häufigsten verwendeten Fertigkeiten und Gegenstände. Dies kann an Ihren Spielstil angepasst werden.

- **Minikarte** – In der oberen rechten Ecke hilft Ihnen die Minikarte beim Navigieren in der Umgebung und bietet wichtige Informationen zu nahegelegenen Gebieten, NPCs und Quests.

- **Inventar und Artikel** – Ihr Inventar befindet sich unten rechts und zeigt die von Ihnen gesammelten Gegenstände an. Es umfasst Ausrüstung, Waffen und andere Verbrauchsgüter wie Tränke.

- **Questprotokoll** – Das Questprotokoll bietet Ihnen detaillierte Informationen zu Ihren aktiven Quests, Zielen und dem Story-Fortschritt. Hier können Sie Ihre Ziele verfolgen.

Tastenkombinationen und Steuerelemente

Das Spiel verwendet einen Standardsatz an Tastenkombinationen, die im Optionsmenü angepasst werden können. Mithilfe der Tastenkombinationen können Sie mit Objekten interagieren, Fähigkeiten einsetzen und schnell auf Ihr Inventar, Ihre Karte und andere Spielfunktionen zugreifen.

Zum Beispiel:

- **W, A, S, D**: Bewegung

- **1-5**: Hotbar-Fähigkeiten

- **ICH**: Inventar

- **M**: Karte

- **C**: Charakterbildschirm

Wenn Sie die Steuerung frühzeitig erlernen, wird Ihnen der Einstieg in das Spiel viel leichter fallen.

Erste Schritte: Ihre Reise beginnt

Die Eröffnungsquest

Sobald Ihr Charakter erstellt ist und Sie die Grundlagen der Benutzeroberfläche erlernt haben, beginnt Ihre Reise in die Welt von Wraeclast. Ihre ersten Schritte werden Sie durch eine Einführungsquest führen, die Ihnen beibringt, wie man sich an Kämpfen beteiligt, mit NPCs interagiert und mit dem Sammeln von Ressourcen beginnt. Dieser Abschnitt dient als Tutorial für neue Spieler und vermittelt Ihnen das Wissen, um Ihre Reise ernsthaft zu beginnen.

Grundlegender Kampf und Erkundung

Kämpfe ein *Path of Exile 2* ist dynamisch und rasant. Sie nutzen die Startfähigkeiten Ihrer Klasse, um Feinde zu besiegen und Beute zu sammeln. Wenn du Feinde besiegst, sammelst du Erfahrung und Beute, die dir helfen, deinen Charakter zu verbessern und deine Ausrüstung zu verbessern.

Erkundung ist der Schlüssel dazu *Path of Exile 2*. Jeder Bereich, dem Sie begegnen, birgt Geheimnisse, verborgene Schätze und neue Feinde. Bei Ihrer ersten Erkundung lernen Sie die grundlegenden Mechanismen kennen, mit denen Sie sich durch Umgebungen bewegen, Quests finden und an Kämpfen teilnehmen.

Questen und Fortschritt

Die Hauptquest führt Sie durch die ersten Bereiche und das Abschließen von Quests belohnt Sie mit Erfahrung, Gegenständen und neuen Fähigkeiten. Das Spiel bietet außerdem Nebenquests, die wertvolle Ressourcen und Wissen liefern und es Ihnen ermöglichen, tiefer in die Welt von Wraeclast einzutauchen. Stellen Sie immer sicher, dass Sie diese Nebenziele erfüllen, um Ihre Belohnungen zu maximieren.

Wenn Sie diese Einführungsschritte abgeschlossen haben, haben Sie die Grundmechanik des Spiels gut verstanden und sind auf dem besten Weg, in die tieferen Systeme von einzutauchen *Path of Exile 2: Dawn of the Hunt*.

KAPITEL 2

CHARAKTERAUFBAU UND ENTWICKLUNG

Charakteraufbauten bilden den Kern von *Path of Exile 2: Dawn of the Hunt*und bietet Spielern die Freiheit, ihre Charaktere an ihren bevorzugten Spielstil anzupassen. Mit Hunderten potenzieller Builds und einem umfangreichen Fähigkeitsbaum bietet die Charakterentwicklung eine enorme Tiefe. Ganz gleich, ob Sie ein Neuling in der Serie oder ein erfahrener Spieler sind: Wenn Sie die Feinheiten des Charakteraufbaus verstehen, werden Sie Ihr Erlebnis und Ihre Leistung im Spiel erheblich verbessern.

Das Klassensystem verstehen

Das Klassensystem in *Path of Exile 2: Dawn of the Hunt* ist so konzipiert, dass es eine enorme Flexibilität und Anpassung ermöglicht, wobei jede Klasse eine eigene Grundlage für die Entwicklung Ihres Charakters bietet. Um einen erfolgreichen Charakter aufzubauen, ist es wichtig zu verstehen, wie diese Klassen funktionieren und wie sie mit den komplexen Fertigkeits- und Passivsystemen des Spiels interagieren.

Übersicht über die Klassen

In *Morgendämmerung der Jagd*Das Klassensystem basiert auf drei Kernattributen: **Stärke**, **Geschicklichkeit**, Und **Intelligenz**. Jede der Klassen des Spiels basiert auf einem oder mehreren dieser Attribute, die die Fähigkeiten, Passiven und Ausrüstung bestimmen, die dem Charakter zur Verfügung stehen. Spieler können aus sieben verschiedenen Basisklassen wählen, wobei jede Klasse einzigartige Vorteile bietet. Fähigkeitenund Spielstile.

- **Kraftkurse**: Konzentrieren Sie sich auf körperliche Kraft, Verteidigung und Tankfähigkeiten. Diese Klassen zeichnen sich im Nahkampf aus und können viel Schaden einstecken, während sie ihn wieder ausgleichen.

- **Geschicklichkeitskurse**: Betonen Sie Beweglichkeit, Ausweichen und Fernkampf. Diese Klassen basieren auf Geschwindigkeit und Präzision und nutzen Bögen, Fallen und rasante Nahkampfangriffe.

- **Geheimdienstklassen**: Spezialisiert auf Magie, Elementarkräfte und Manipulation der Welt durch Zauber. Diese Klassen können massiven Schaden anrichten, erfordern jedoch eine gute Positionierung und Kontrolle der Ressourcen.

Klassenaufschlüsselung

Das Spiel unterteilt die Klassen in Hauptkategorien:

- **Marodeur**: Eine auf Stärke basierende Klasse, die sich auf hohe Haltbarkeit und kraftvolle Nahkampfangriffe konzentriert. Der Marodeur ist perfekt für Spieler, die gerne an vorderster Front stehen, Schaden absorbieren und ihn erwidern.

- **Ranger**: Eine auf Geschicklichkeit basierende Klasse, die sich auf Fernkämpfe konzentriert. Waldläufer zeichnen sich durch den Einsatz von Bögen und ihre Beweglichkeit aus, um aus der Ferne Schaden zu verursachen, wodurch sie sich mit Flucht- und Fluchttaktiken auskennen.

23

- **Hexe**: Eine auf Intelligenz basierende Klasse, die Elementar- und Chaosmagie nutzt, um Feinde auszulöschen. „The Witch" ist ideal für Spieler, die gerne Zauber wirken und das Schlachtfeld kontrollieren.

- **Duellant**: Eine Hybridklasse, die Stärke und Geschicklichkeit kombiniert. Duellanten sind vielseitige Kämpfer, die Schwerter, Dolche und andere Waffen führen und gleichzeitig Angriff und Verteidigung in Einklang bringen können.

- **Templer**: Diese Klasse vereint Stärke und Intelligenz und ist daher ideal für Spieler, die gerne einen Panzer mit magischen Kräften spielen. Templer können viel Schaden anrichten, während sie Verbündete mit Buffs unterstützen.

- **Aufsteigend**: Eine vielseitige Klasse, die es Spielern ermöglicht, verschiedene Attribute und Fähigkeiten der anderen Klassen zu kombinieren und so noch mehr Individualisierung und Flexibilität bei der Entwicklung Ihres Charakters zu bieten.

- **Schattengeboren**: Eine neue Klasse eingeführt in *Morgendämmerung der Jagd*, spezialisiert auf Tarnung, dunkle Magie und Beweglichkeit. Der Schattengeborene zeichnet sich durch Hit-and-Run-Taktiken aus, schwächt Feinde und schlägt zu, wenn sie es am wenigsten erwarten.

Auswahl der richtigen Klasse für Ihren Spielstil

Die Wahl eines Kurses ist eine der wichtigsten Entscheidungen in *Path of Exile 2*. Ihre Klasse bestimmt Ihre primären Statistiken, Fähigkeiten und den gesamten Spielstil. Egal, ob Sie lieber mit Schwert und Schild angreifen, mit Pfeilen aus der Ferne zuschlagen oder die Elemente nach Ihrem Willen manipulieren möchten, jede

Klasse bietet ein einzigartiges Erlebnis. Nehmen Sie sich Zeit, die Klassenbeschreibungen zu lesen und mit verschiedenen Typen zu experimentieren, um diejenige zu finden, die am besten zu Ihrem bevorzugten Spielstil passt.

Erstellen Sie Ihren ersten Charakter: Ein Leitfaden für Anfänger

Attribute und Statistiken verstehen

Jede Klasse beginnt mit einem Basissatz an Attributen, die bestimmen, wie sich Ihr Charakter entwickelt. Die drei Hauptattribute –**Stärke**, **Geschicklichkeit**, Und **Intelligenz**– sind entscheidend für die Bestimmung Ihrer Startstatistiken, verfügbaren Fertigkeiten und der Ausrüstung, die Sie ausrüsten können.

- **Stärke**: Erhöht physischen Schaden, Gesundheit und Rüstung. Schlüssel für Panzerbau und Nahkampf.

- **Geschicklichkeit**: Erhöht Genauigkeit, Ausweichen, kritische Trefferchance und Angriffsgeschwindigkeit. Unverzichtbar für den Fernkampf oder den agilen Nahkampf.

- **Intelligenz**: Reguliert Zauberschaden, Manavorrat, Energieschild und Elementarwiderstände. Entscheidend für Zauberwirker und Hybrid-Builds.

Das Ausbalancieren dieser Attribute und die Konzentration auf eines oder mehrere davon ist ein grundlegender Aspekt bei der Charakterbildung. Während Sie aufsteigen, weisen Sie den Kernattributen Ihrer Klasse Punkte zu und treffen Entscheidungen, die sich auf die Rolle Ihres Charakters im Kampf auswirken.

Auswahl Ihrer ersten Fähigkeiten

Ihre Klasse bestimmt die Grundfähigkeiten, die Sie verwenden können, aber im Laufe des Spiels können Sie Ihre Fähigkeiten durch Hinzufügen erweitern **Fertigkeitsedelsteine** zu Ihrer Ausrüstung. Fertigkeitsgemmen sind ein wesentliches Merkmal von *Path of Exile 2*So können Sie Ihre Fähigkeiten individuell anpassen und an verschiedene Kampfsituationen anpassen.

- **Aktive Fertigkeitsgemmen**: Bieten Sie neue Fähigkeiten, die Sie im Kampf einsetzen können, wie z. B. Feuerballzauber, Beschwörungen oder Projektilangriffe.

- **Unterstützen Sie Fertigkeitsgemmen**: Verbessern Sie Ihre aktiven Fähigkeiten, indem Sie zusätzliche Effekte hinzufügen, z. B. den Schaden erhöhen, Elementareffekte hinzufügen oder die Manakosten senken.

Konzentrieren Sie sich als Anfänger auf die Auswahl einiger zentraler aktiver Fertigkeitsjuwelen, die zum Spielstil und Aufbau Ihrer Klasse passen. Wenn Sie diese mit den richtigen Unterstützungsedelsteinen kombinieren, können Sie Ihren Schadensausstoß und Ihre Überlebensfähigkeit maximieren.

Ausrüstung und Auflistung

Ausrüstung spielt eine wichtige Rolle bei der Charakterentwicklung. In *Path of Exile 2*, Ihre Gegenstände (Waffen, Rüstungen und Zubehör) wirken sich auf Ihre Statistiken, Widerstände und die allgemeine Effektivität im Kampf aus.

- **Waffen**: Wählen Sie Waffen, die Ihrer Klasse und Ihrem bevorzugten Kampfstil entsprechen. Nahkampfcharaktere profitieren von Schwertern oder Äxten, während Fernkampfcharaktere sich auf Bögen oder Armbrüste

26

konzentrieren sollten.

- **Rüstung**: Bietet Schutz vor physischem und elementarem Schaden. Wählen Sie eine Rüstung, die Ihre Klasse ergänzt und Ihre Verteidigungseigenschaften verbessert.

- **Zubehör**: Ringe, Amulette und Gürtel bieten wertvolle Boni auf Resistenzen, Attribute und Gebrechen. Experimentieren Sie mit verschiedenen Kombinationen, um die Stärken Ihres Charakters zu stärken.

Aufstiegsklassen und Fortschritt

Eines der aufregendsten Features in *Path of Exile 2* ist das **Vorherrschaft** System. Mit diesem System können Sie Ihren Charakter spezialisieren, indem Sie eine einzigartige Klasse auswählen, die zusätzliche passive Boni und Fähigkeiten freischaltet. Ascendancy-Klassen bieten eine tiefere Anpassung und ermöglichen fortgeschrittenere Builds.

Aszendenzklassen freischalten

Um auf das Aszendenzsystem zuzugreifen, müssen Sie die Handlung des Spiels durcharbeiten, bis Sie einen entscheidenden Moment erreichen, der Ihnen die Möglichkeit freischaltet, eine Aszendenzklasse auszuwählen. Jede Basisklasse verfügt über mehrere Aszendenz-Unterklassen, die unterschiedliche Kräfte und Fähigkeiten bieten, die den Spielstil Ihres Charakters prägen.

Zum Beispiel ein **Marodeur** kann in a aufsteigen **Moloch**, das Tanken und die Überlebensfähigkeit verbessern, oder a **Häuptling**, was den Feuerschaden und die Stammesfertigkeiten erhöht. Die Wahl der richtigen Aszendenzklasse ist entscheidend, um das Potenzial Ihres Charakters zu maximieren.

Fortschritt und Entwicklung

Sobald Sie Ihre Aszendenz gewählt haben, erhalten Sie Zugriff auf eine Reihe neuer Fertigkeiten und passiver Fähigkeiten. Diese Kräfte werden mit zunehmendem Level stärker und wirken sich erheblich auf Ihre gesamte Build-Strategie aus. Die Entscheidungen, die Sie hier treffen, bestimmen die Stärken und Schwächen Ihres Charakters und wie Sie mit PvE- und PvP-Inhalten umgehen.

Erweiterte Build-Optimierung

Fortgeschrittene Strategien zur Maximierung von DPS

In *Path of Exile 2*, ist die Optimierung des Schadensausstoßes (DPS) Ihres Charakters entscheidend für den Erfolg in den härtesten Endgame-Inhalten. Um einen hohen DPS zu erreichen, müssen sich die Spieler darauf konzentrieren **kritische Trefferchance, Angriffsgeschwindigkeit, Elementare Skalierung**, Und **Effektiver Einsatz von Fertigkeitsgemmen**.

- **Kritische Treffer**: Erhöhen Sie Ihre Chancen, kritische Treffer zu landen, indem Sie Fertigkeiten auswählen, die mit einer hohen kritischen Chance harmonieren, und Modifikatoren hinzufügen, die den kritischen Schaden erhöhen.

- **Angriffsgeschwindigkeit und Mana-Effizienz**: Das Ausbalancieren von Angriffsgeschwindigkeit und Manaverbrauch wird Ihre Leistung verbessern, insbesondere bei schnellen Nahkampf- oder Fernkampf-Builds.

Verteidigungsmechanik und Überlebensfähigkeit

Während ein hoher DPS unerlässlich ist, ist die Überlebensfähigkeit genauso wichtig *Path of Exile 2*. Investieren in defensive Statistiken wie z **Rüstung, Energieschild**, Und **Lebensregeneration** ermöglicht

28

es Ihnen, in intensiven Schlachten länger am Leben zu bleiben. Erwägen Sie außerdem die Verwendung **Lebensegel**, **Ausweichen**, Und **Widerstandsmods** um Ihre Abwehrkräfte zu stärken.

Endgame-Build-Anpassungen

Im Laufe des Endspiels müssen Sie Ihren Build anpassen, um die Leistung bei hochstufigen Inhalten zu optimieren. Dies kann das Auswechseln der Ausrüstung, das Experimentieren mit neuen Fertigkeitskombinationen oder die Überarbeitung Ihres Passivbaums umfassen, um bestimmte Attribute zu verbessern. Die Anpassung Ihres Builds an Endgame-Inhalte kann den Unterschied ausmachen, ob Sie in den anspruchsvollsten Begegnungen durchkommen oder sich gegen sie durchsetzen müssen.

Hybrid-Builds erkunden

Path of Exile 2 fördert hybride Builds und ermöglicht es den Spielern, verschiedene Spielstile für maximale Effektivität zu kombinieren. Experimentieren mit Mischen **Zauberwirken** Und **Nahkampf** oder **Defensive** Und **Offensive** Fertigkeiten stellen eine einzigartige Herausforderung dar und eröffnen neue Strategien zur Bewältigung der schwierigsten Herausforderungen des Spiels.

Charakteraufbau *Path of Exile 2: Dawn of the Hunt* ist komplex und das Verständnis dieser Systeme wird es den Spielern ermöglichen, effektive, vielseitige Charaktere zu erschaffen, die sowohl in PvE- als auch in PvP-Umgebungen glänzen. Unabhängig davon, ob Sie mit einem fortgeschrittenen Build beginnen oder ihn verfeinern, bietet dieser Leitfaden die Werkzeuge, um Ihr Erlebnis zu optimieren und sicherzustellen, dass Ihr Charakter auf jede Herausforderung vorbereitet ist, die das Spiel für Sie bereithält.

KAPITEL 3

CHARAKTER-ANPASSUNG

Die Charakteranpassung ist ein wesentlicher Bestandteil von *Path of Exile 2: Dawn of the Hunt*und bietet Spielern die Möglichkeit, ihre Charaktere sowohl ästhetisch als auch funktional anzupassen. Durch die Anpassung wird das Eintauchen in das Spiel verbessert und die Spieler können ihre Charaktere an ihre bevorzugten Spielstile anpassen, um sicherzustellen, dass kein Charakter dem anderen gleicht. Von der optischen Attraktivität bis hin zu den strategischen Entscheidungen rund um Ausrüstung und Fähigkeiten sind die Anpassungsmöglichkeiten umfangreich und tragen erheblich zum Gesamterlebnis bei.

Visuelle Anpassung: Skins und Kosmetika

Bei der visuellen Anpassung geht es in erster Linie darum, das Erscheinungsbild Ihres Charakters zu personalisieren, um Ihren einzigartigen Stil und Ihre Identität in der Spielwelt widerzuspiegeln. Während *Path of Exile 2* basiert auf Gameplay-Tiefe, die visuellen Anpassungsoptionen bieten wichtige Möglichkeiten, Ihrer Kreativität Ausdruck zu verleihen.

Die Bedeutung der visuellen Anpassung

Die visuelle Anpassung ermöglicht es den Spielern, ihr Erscheinungsbild im Spiel zu verbessern, sodass sich ihr Charakter persönlicher und einzigartiger anfühlt. Obwohl es keinen direkten Einfluss auf das Gameplay hat, trägt die Möglichkeit, das Aussehen Ihres Charakters zu ändern, dazu bei, das Gesamterlebnis zu bereichern, insbesondere für Spieler, die gerne Zeit mit den sozialen Aspekten des Spiels verbringen. Skins, Kosmetika und visuelle

Upgrades sind eine unterhaltsame Möglichkeit, sich von anderen Spielern abzuheben *Path of Exile 2*, das über eine lebendige Online-Community verfügt.

Verfügbare Skins und Kosmetikartikel

Das Spiel bietet eine Vielzahl von **kosmetische Häute** die das Aussehen der Rüstung, Waffen und Fähigkeiten Ihres Charakters verändern. Diese Skins sind über erhältlich **Mikrotransaktionsshop**Hierbei handelt es sich um eine Funktion des Spiels, die es Spielern ermöglicht, kosmetische Gegenstände, die sich nicht auf das Gameplay auswirken, in realer Währung zu kaufen.

- **Rüstungsskins**: Ändere das optische Erscheinungsbild der Rüstung, die dein Charakter trägt. Diese Skins gibt es in verschiedenen Stilen, von ätherischem Glanz bis hin zu schweren, verzierten Designs, sodass Spieler einen Look kreieren können, der ihre Persönlichkeit widerspiegelt.

- **Waffen-Skins**: Spieler können auch das Aussehen ihrer Waffen ändern. Unabhängig davon, ob Sie ein Schwert, einen Bogen oder einen Stab tragen, können Waffen-Skins Ihrer Ausrüstung ein stärkeres und unverwechselbares Aussehen verleihen.

- **Effekt-Skins**: Diese Skins werden auf die von Ihnen gewirkten Fähigkeiten und Zauber angewendet. Wenn Sie eine Fertigkeit wie Feuerball oder Eissturm verwenden, kann der visuelle Effekt angepasst werden und Ihren Angriffen ein auffälliges, einzigartiges Flair verleihen.

Premium-Anpassungsoptionen

Für Spieler, die ein noch höheres Maß an Personalisierung wünschen, bietet das Spiel auch Premium-Kosmetikartikel wie **Charakter-Skins**,

Haustierfelle, Und **Emotes**. Mit diesen Premium-Optionen können Sie Ihrem Charakter durch spezielle Modelle und Skins, die im normalen Gameplay nicht verfügbar sind, ein einzigartiges Aussehen verleihen.

- **Charakter-Skins**: Spezielle Skins für Ihren Charakter, die nicht nur das Aussehen der Rüstung, sondern manchmal auch das gesamte ästhetische Erscheinungsbild des Charakters verändern.

- **Haustiere**: Benutzerdefinierte Haustiere, die deinem Charakter während des Spiels folgen. Diese kosmetischen Haustiere sorgen für eine lustige Note und können aus einer Vielzahl von Kreaturen ausgewählt werden.

Visuals freischalten und anpassen

Während viele Skins im Shop erhältlich sind, können andere durch den Spielfortschritt freigeschaltet werden. Durch das Abschließen besonderer Erfolge, die Teilnahme an saisonalen Events und das Erreichen von Meilensteinen können seltene kosmetische Gegenstände freigeschaltet werden. Dies gibt den Spielern sowohl ein Erfolgserlebnis als auch einen Grund, weiterzuspielen, über nur Kämpfe und Quests hinaus.

Anpassung und Upgrades der Ausrüstung

Die Anpassung der Ausrüstung ist ein zentraler Aspekt von *Path of Exile 2*. Die Ausrüstung, die Sie tragen, wirkt sich erheblich auf Ihre Leistung im Kampf aus, und die Möglichkeit, Ihre Gegenstände anzupassen, stellt sicher, dass Sie die Stärken und Schwächen Ihres Charakters genau abstimmen können.

Arten von Geräten

In *Path of Exile 2*Die Ausrüstung ist in verschiedene Kategorien unterteilt:

- **Waffen**: Diese sind für den Kampf unerlässlich und gibt es in vielen Varianten, die jeweils für bestimmte Spielstile geeignet sind. Waffen wie Schwerter, Bögen, Zauberstäbe und Stäbe tragen alle zu unterschiedlichen Kampfstrategien bei.

- **Rüstung**: Rüstung besteht aus **Helme, Truhen, Handschuhe, Stiefel, Und Gürtel**. Jedes Teil dient dem Schutz Ihres Charakters und bietet Widerstände, Verteidigung und zusätzliche Werte.

- **Zubehör**: Ringe, Amulette und Gürtel verleihen den Attributen und Widerständen Ihres Charakters zusätzliche Boni. Diese Accessoires sind wichtig, um den Körperbau Ihres Charakters abzurunden.

Ausrüstung aufrüsten

Bei der Individualisierung geht es nicht nur darum, bessere Artikel zu kaufen. Das Spiel ermöglicht detaillierte Gegenstands-Upgrades **Währungsposten**. Mit diesen speziellen Verbrauchsgegenständen können Sie Ihre Ausrüstung verbessern oder modifizieren, ihre Werte ändern oder zusätzliche Eigenschaften hinzufügen.

- **Essenzherstellung**: Essenzen sind eine Währungsform, mit der Sie Gegenstände mit bestimmten Eigenschaften herstellen können, z. B. zusätzlichen Elementarschaden, erhöhte Chance auf kritische Treffer oder Lebensregeneration. Diese können verwendet werden, um Ihre Ausrüstung zu verbessern, ohne sich ausschließlich auf zufällige Drops zu verlassen.

- **Fossilien**: Fossilien sind eine weitere Form des Handwerksmaterials, das gezieltere Modifikationen von Gegenständen ermöglicht. Beispielsweise können einige Fossilien je nach Typ bessere Resistenzen oder mehr Schaden verursachen.

Ausrüstung mit Juwelen und Verzauberungen modifizieren

Zusätzlich zum Standardhandwerk können Sie Ihre Ausrüstung durch Stecken weiter modifizieren **Juwelen** und nutzen **Verzauberungen** um deine Ausrüstung zu erweitern. Juwelen bieten eine Vielzahl von Effekten, wie z. B. erhöhte Werte oder einzigartige Boni für Ihre Fähigkeiten, sodass Spieler ihre Ausrüstung an bestimmte Builds anpassen können.

- **Juwelen**: Diese werden in Sockel Ihrer Ausrüstung gesteckt, um die Werte der Gegenstände zu ändern. Einige Juwelen können sogar in Ihren passiven Fähigkeitsbaum eingefügt werden, wodurch Sie zusätzliche Attribute oder neue Fähigkeiten erhalten.

- **Verzauberungen**: Sie können Verzauberungen auf Waffen oder Rüstungen anwenden, um passive Effekte hinzuzufügen, wie z. B. erhöhten Elementarwiderstand oder zusätzlichen Elementarschaden.

Maximierung der Synergien mit der Ausrüstung

Der Schlüssel zu einer effektiven Anpassung liegt in der Maximierung der Synergien zwischen Ihrer Ausrüstung, Ihren passiven Fähigkeiten und Ihren aktiven Fähigkeiten. Ausrüstung, insbesondere Endgame-Ausrüstung, kann Ihren Build erheblich beeinflussen. Wenn Sie wissen, wie Sie die Widerstände, Schadensmodifikatoren und Nützlichkeit Ihrer Ausrüstung ausbalancieren, können Sie einen stärkeren und effektiveren Charakter erschaffen.

Einzigartige Gegenstände und wie man sie verwendet

Einzigartige Gegenstände gehören zu den begehrtesten und leistungsstärksten Ausrüstungsgegenständen überhaupt *Path of Exile 2*. Diese Gegenstände verfügen oft über besondere Eigenschaften oder Fähigkeiten, die kein anderes Ausrüstungsstück reproduzieren kann, was sie zu einem entscheidenden Faktor für die Charakterentwicklung macht.

Was sind Unikate?

Unikate sind besondere Ausrüstungsgegenstände, die sich sowohl optisch als auch in ihrer Funktion stark voneinander unterscheiden. Im Gegensatz zu seltenen Gegenständen, die zufällig mit unterschiedlichen Attributen generiert werden, verfügen einzigartige Gegenstände über vorgegebene Werte und Affixe, was sie für Spieler, die ihre Builds optimieren möchten, äußerst wertvoll macht.

- **Einzigartige Waffen**: Diese sind oft mit mächtigen Effekten verbunden, die bestimmte Fertigkeiten verbessern, wie etwa einem Stab, der den Elementarschaden erhöht, oder einem Schwert, das die Chance auf einen kritischen Treffer erhöht.
- **Einzigartige Rüstung**: Rüstungssets können Boni gewähren, die durch normales Herstellen nicht verfügbar sind. Beispielsweise könnte eine einzigartige Truhe zusätzliche Energie verleihen Schild oder Widerstand gegen bestimmte Arten von Schäden.
- **Einzigartige Ringe und Amulette**: Einige Ringe und Amulette bieten mächtige Verstärkungen für bestimmte Spielstile. Ein Ring kann Ihnen eine Erhöhung des verursachten Schadens oder Immunität gegen einen bestimmten Debuff verleihen.

35

Erwerb einzigartiger Gegenstände

Unikate werden oft durch gefunden **Boss fällt**, **Truhen**, oder **Handel** mit anderen Spielern. Einige einzigartige Gegenstände sind hinter herausfordernden Endgame-Inhalten eingeschlossen, wie zum Beispiel **Bossbegegnungen**und verlangen von den Spielern, harte Gegner zu besiegen, um sie zu erlangen.

Wann man einzigartige Gegenstände verwendet

Obwohl einzigartige Gegenstände mächtig sind, passen sie möglicherweise nicht immer in Ihren Build. Der Schlüssel liegt darin, zu verstehen, wann ein einzigartiger Artikel einen erheblichen Nutzen bietet. Eine einzigartige Waffe kann beispielsweise eine Fertigkeit verbessern, die Sie bereits verwenden, und ist daher eine ausgezeichnete Wahl. Wenn umgekehrt ein einzigartiger Gegenstand mit der Strategie Ihres aktuellen Builds in Konflikt steht, ist es besser, ihn für einen anderen Charakter aufzubewahren oder mit anderen zu tauschen.

Personalisieren Sie Ihren Spielstil

Personalisieren Sie Ihren Spielstil *Path of Exile 2* geht über visuelle Anpassungen und Gegenstands-Upgrades hinaus – es geht darum, ein einzigartiges Erlebnis zu schaffen, das zu Ihrer Herangehensweise an Kampf, Erkundung und Fortschritt passt.

Spielstil und Synergien aufbauen

Die ultimative Form der Personalisierung liegt in den Synergien, die Sie zwischen Ihrer Klasse, Ihren Fähigkeiten, Ihrem passiven Baum und Ihrer Ausrüstung schaffen. Egal, ob Sie Nahkämpfe, Zaubersprüche oder den Einsatz von Fallen und Projektilen bevorzugen, der Aufbau eines Charakters, der auf Ihre Aktionen reagiert, ist der Schlüssel zu einem zufriedenstellenden Erlebnis.

- **Offensive Spielstile**: Wenn Sie einen hohen Schadensausstoß bevorzugen, passt es zu Ihrem Spielstil, sich auf Ausrüstung zu konzentrieren, die kritische Treffer, Angriffsgeschwindigkeit oder Elementarschaden erhöht.

- **Defensive Spielstile**: Für diejenigen, die Tanken und Überlebensfähigkeit bevorzugen: Die Investition in Verteidigungsfähigkeiten und Ausrüstung, die Rüstung, Ausweichen und Lebensregeneration erhöht, wird Ihren Charakter langlebiger machen.

Anpassungen des Spielstils für Endgame-Inhalte

Im Verlauf des Spiels, insbesondere bei Endgame-Inhalten wie Mapping oder Bosskämpfen, müssen Sie möglicherweise Ihren Spielstil an den Schwierigkeitsgrad anpassen. Dazu kann gehören, dass Sie Ihren Build überarbeiten, um bestimmte Widerstände zu verbessern, Ihren Schaden für bestimmte Gegnertypen zu erhöhen oder sich auf Fähigkeiten zur Massenkontrolle zu konzentrieren.

Experimentieren mit Hybrid-Builds

Hybrid-Builds, die mehrere Spielstile kombinieren, sind eine hervorragende Möglichkeit, Ihren Charakter zu experimentieren und zu personalisieren. Ob es darum geht, Nahkampf und Zauber zu kombinieren oder Verteidigung mit elementarem Angriff zu kombinieren, Hybrid-Builds ermöglichen Flexibilität und Kreativität bei der Bewältigung verschiedener Herausforderungen.

Charakteranpassung in *Path of Exile 2: Dawn of the Hunt* geht weit über die bloße Auswahl einer Klasse hinaus – es ist ein dynamisches System, das Freiheit, Kreativität und strategische Tiefe bietet. Von der visuellen Anpassung über die Optimierung der Ausrüstung bis hin zum Experimentieren mit einzigartigen Gegenständen trägt jeder Aspekt der Anpassung zu einem reichhaltigen und immersiven

Erlebnis bei. Durch die Personalisierung Ihres Spielstils verbessern Sie nicht nur Ihr Gameplay, sondern erschaffen auch einen Charakter, der Ihre Vision in der Welt von Wraeclast wirklich repräsentiert.

KAPITEL 4

Die Kampfmechanik beherrschen

Kämpfe ein *Path of Exile 2: Dawn of the Hunt* ist eine der Kernkomponenten des Spiels. Egal, ob Sie sich durch Horden von Feinden kämpfen, mächtige Bosse besiegen oder gegen Mitspieler kämpfen, die Beherrschung der Kampfmechanik wird Ihr Erlebnis erheblich verbessern. In diesem Abschnitt werden die Schlüsselelemente des Kampfes aufgeschlüsselt, von den Grundlagen der Steuerung bis hin zu fortgeschrittenen Strategien wie Positionierung und Ressourcenmanagement. Wenn Sie diese Mechanismen verstehen, können Sie im Kampf hervorragende Leistungen erbringen, sich an verschiedene Herausforderungen anpassen und Ihren Spielstil verfeinern.

Die Grundlagen des Kampfes und der Kontrolle

Der erste Schritt zur Beherrschung des Kampfes *Path of Exile 2* ist das Verständnis der grundlegenden Steuerung und Kampfmechanik. Diese Grundkonzepte bilden die Grundlage, auf der fortgeschrittenere Taktiken aufbauen.

Grundlegende Kampfsteuerung

Die Standardsteuerelemente für *Path of Exile 2* sind so konzipiert, dass sie intuitiv sind, aber auch eine individuelle Anpassung ermöglichen, während Sie fortfahren. Hier ist eine Aufschlüsselung der wichtigsten kampfbezogenen Steuerelemente:

- **Bewegung**: Die WASD-Tasten (oder Pfeiltasten, je nach Vorliebe) werden verwendet, um Ihren Charakter auf dem Schlachtfeld zu bewegen. Bewegung ist sowohl für Angriffs- als auch für Verteidigungsstrategien von entscheidender Bedeutung. Sie ermöglicht es Ihnen, eingehenden Angriffen auszuweichen und sich vorteilhaft zu positionieren.

- **Angreifen**: Der Linksklick wird normalerweise für einfache Angriffe oder die Verwendung Ihrer primären Waffe oder Fähigkeit verwendet. Abhängig von Ihrem Skill-Setup können Sie Fähigkeiten verwenden, die Hotkeys (1–5) oder Maustasten zugewiesen sind (z. B. Rechtsklick für Spezialfähigkeiten).

- **Fähigkeiten**: Aktive Fähigkeiten werden bestimmten Zifferntasten zugewiesen (standardmäßig 1-5). Diese Fähigkeiten reichen von physischen Schlägen bis hin zum Zaubern und können mit Unterstützungsfähigkeiten (auch anderen Hotkeys zugewiesen) kombiniert werden, um ihre Wirkung zu verstärken.

- **Bewegungskompetenzen**: Fähigkeiten, die es Ihnen ermöglichen, sich sofort von einem Ort zum anderen zu bewegen, z **Leap-Slam** oder **Flammensprint**werden verwendet, um im Kampf schnell auszuweichen oder sich neu zu positionieren.

- **Zielen und Zielen**: Einige Fertigkeiten erfordern manuelles Zielen, wie etwa Fernkampfangriffe oder Zauber, die sich über eine Distanz bewegen. Das genaue Zielen und Aktivieren dieser Fähigkeiten mit der Maus ist für einen effektiven Kampf von entscheidender Bedeutung.

- **Blocken und ausweichen**: Verteidigungsaktionen werden über die ausgeführt **Block** Schlüssel (für Schildträger) bzw **ausweichen**/evasion (für agile Charaktere). Wenn Sie das Timing dieser Aktionen beherrschen, können Sie den eingehenden Schaden erheblich reduzieren.

Kampffluss

Der Kampffluss in *Path of Exile 2* ist dynamisch. Die Spieler müssen ein Gleichgewicht zwischen Angriff, Verteidigung und effektiver Ressourcennutzung finden. So interagieren diese Elemente:

- **Angreifen**: Offensivfähigkeiten gibt es in verschiedenen Formen: Einzelzielfähigkeiten, Flächenwirkungsfähigkeiten (AoE) und Kanalisierung.

  Zum Beispiel ein **Feuerball** oder **Frostblitz** könnte ein einzelnes Ziel sein, wohingegen **Zyklon** ist ein Nahkampf-AoE, der umliegende Feinde angreift.

- **Verteidigen**: Die Verteidigung besteht aus einer Mischung aus Rüstung, Ausweichen und Energieschild (für bestimmte Klassen). Um schwierige Begegnungen zu überstehen, müssen die Spieler diese Verteidigung mit der verursachten Schadensmenge in Einklang bringen.

- **Ressourcenmanagement**: Ressourcen wie Mana oder Energie müssen effizient verwaltet werden. Einige Charaktere können diese Ressourcen mit bestimmter Ausrüstung schneller regenerieren, während andere auf Tränke oder bestimmte Fähigkeiten angewiesen sind.

Um die Grundmechanik zu beherrschen, muss man verstehen, wie man diese Werkzeuge und Strategien gleichzeitig nutzt, um den

Angriffsdruck aufrechtzuerhalten und gleichzeitig den eingehenden Schaden abzumildern.

Kampfflüssigkeit und Reaktionszeit

Kämpfe ein *Path of Exile 2* erfordert schnelle Reflexe und präzises Timing. Jeder Angriff, jede Bewegung und jede Fähigkeit sollte mit Bedacht ausgeführt werden, um die Effizienz zu maximieren. Diese Fluidität ist besonders wichtig bei schwierigeren Inhalten wie Endgame-Bossen oder PvP-Begegnungen.

- **Schäden vermeiden**: Das Erlernen feindlicher Angriffsmuster und das Ausweichen oder Blocken im richtigen Moment kann Ihre Überlebensfähigkeit erheblich verbessern. Einige Bosse signalisieren ihre Bewegungen und geben den Spielern ein Zeitfenster zum Ausweichen oder Neupositionieren.

- **Abklingzeiten**: Viele Fertigkeiten haben Abklingzeiten, und die effektive Verwaltung dieser Abklingzeiten ist der Schlüssel zur Aufrechterhaltung eines konstanten Schadensausstoßes. Um Ihre Ressourcen und Ihre Positionierung zu erhalten, ist es wichtig zu verstehen, wann Sie Defensivfähigkeiten einsetzen oder wann Sie Offensivfähigkeiten zurückhalten sollten.

Nahkampf vs. Fernkampf: Hauptunterschiede

In *Path of Exile 2*können Spieler aus einer Vielzahl von Kampfstilen wählen, die jeweils unterschiedliche Vorteile und Herausforderungen bieten. Nahkampf und Fernkampf sind die beiden primären Spielstile, die jeweils ihre eigenen Strategien erfordern.

Nahkampf: Stärke und Aggression

Nahkampf in *Path of Exile 2* dreht sich alles um Nahkämpfe. Nahkämpfer zeichnen sich dadurch aus, dass sie aus nächster Nähe massiven Schaden anrichten können, was oft erfordert, dass Sie sich strategisch innerhalb der Reihen der Feinde positionieren.

- **Kraft aus nächster Nähe**: Nahkämpfer verursachen normalerweise hohen Schaden mit Fertigkeiten wie **Zyklon**, **Wirbelwind**, oder **Spalten**. Diese Fähigkeiten ermöglichen schnelle Angriffe mit mehreren Treffern, was sie im Kampf gegen große Gruppen von Feinden mächtig macht.

- **Tanken**: Nahkämpfer konzentrieren sich oft auf **Überlebensfähigkeit** durch Investitionen in Rüstung, Leben und Energieschild. Dies ermöglicht es ihnen, Treffer zu absorbieren, während sie in der Nähe von Feinden bleiben und ihren Angriff fortsetzen.

- **Vorteile**: Nahkampfcharaktere sind in der Regel widerstandsfähiger und besser für anhaltenden Schaden in längeren Kämpfen gerüstet. Sie können sich engagieren **Massenkontrolle** durch Betäubung oder Verlangsamung von Gegnern mit bestimmten Fertigkeiten oder passiven Baumauswahlmöglichkeiten.

- **Herausforderungen**: Die größte Herausforderung für Nahkampfcharaktere besteht darin, ihre Positionierung zu verwalten. Sie müssen mitten im Geschehen bleiben, ohne von Feinden überwältigt zu werden. Wirksam **Mobilitätsfähigkeiten** wie **Leap-Slam** sind oft notwendig, um eingehenden Angriffen auszuweichen und sich neu zu positionieren.

Fernkampf: Präzision und Kontrolle

Im Gegensatz dazu bietet der Fernkampf einen eher taktischen Ansatz. Fernkampfcharaktere verursachen aus der Ferne Schaden, was sicherere Kämpfe und eine bessere Kontrolle über das Schlachtfeld ermöglicht.

- **Kontrolle und Sicherheit**: Verwendung von Fernkampfcharakteren **Bögen, Zauberstäbe, Armbrüste, Und Notensysteme** aus der Ferne zuschlagen. Diese Waffen ermöglichen es Spielern, Feinde zu kiten, einen sicheren Abstand einzuhalten und gleichzeitig Schaden zu verursachen.

- **Schadensskalierung**: Fernkämpfer zeichnen sich oft durch ihr Handeln aus **hoher Explosionsschaden** über längere Zeiträume, insbesondere bei Fähigkeiten, die auf einzelne Feinde abzielen, wie z **Frostblitz** oder **Durchdringender Pfeil**.

- **Vorteile**: Der Hauptvorteil des Fernkampfs besteht darin, dass er es den Spielern ermöglicht, Treffer zu vermeiden und dennoch erheblichen Schaden zu verursachen. Spieler können das Gelände zu ihrem Vorteil nutzen, sich hinter Hindernissen verstecken und aus der Ferne angreifen.

- **Herausforderungen**: Die größte Herausforderung für Fernkampfcharaktere ist Positionierung und Genauigkeit. Sie müssen sich ständig bewegen und ihren Abstand zu Feinden einhalten. Bei bestimmten Begegnungen, insbesondere mit Mobs oder Bossen, können Fernkampfcharaktere Schwierigkeiten haben, wenn Feinde die Lücke schließen oder sie mit Menschenmassen überwältigen.

Wahl zwischen Nahkampf und Fernkampf

- **Nahkampf** ist ideal für Spieler, die gerne mitten im Geschehen sind und aus nächster Nähe hohen Schaden verursachen und dabei viel Schaden aushalten. Nahkampf-Builds sind oft auf

44

hohe Überlebensfähigkeit und AoE-Schaden angewiesen, um Gruppen von Feinden zu vernichten.

- **Fernkampf** ist für Spieler geeignet, die ein strategischeres, kontrollierteres Kampferlebnis bevorzugen und dabei den Schwerpunkt auf Präzision und Sicherheit legen. Fernkampf-Builds eignen sich am besten für Spieler, die einen Hit-and-Run-Spielstil mögen und gut mit der Positionierung umgehen können.

Verwaltung von Gesundheit, Mana und Ressourcen

Ein effektives Ressourcenmanagement ist ein wesentlicher Bestandteil des Überlebens *Path of Exile 2: Dawn of the Hunt*. Im Gegensatz zu vielen herkömmlichen Rollenspielen ist das Ressourcenmanagement in *Pfad des Exils* erfordert ein empfindliches Gleichgewicht zwischen Angriff und Verteidigung, und das Verständnis dieses Gleichgewichts ist entscheidend für den Erfolg.

Gesundheitsmanagement

Gesundheit ist die wichtigste Ressource für jeden Charakter. Der Verlust Ihrer gesamten Gesundheit führt zum Tod, und ein wirksames Gesundheitsmanagement ist entscheidend, um härtere Begegnungen zu überstehen.

- **Lebensregeneration**: Einige Builds konzentrieren sich auf **Lebensegel**, sodass Sie basierend auf dem von Ihnen verursachten Schaden Gesundheit wiederherstellen können. Andere Builds konzentrieren sich auf **Lebensregeneration**, um sicherzustellen, dass sich Ihr Gesundheitsvorrat während des Kampfes allmählich wiederherstellt.

- **Zaubertränke**: Gesundheitstränke steigern die Gesundheit sofort und sind daher im Kampf unverzichtbar. Mit einer Vielzahl von Tränken, wie z **Großes Lebensfläschchen**, kann in schwierigen Kämpfen über Leben und Tod entscheiden.

- **Verteidigungsausrüstung**: Investieren Sie in Ausrüstung, die Ihre Leistung steigert **Gesundheitspool** oder **Schadensreduzierung** kann helfen, eingehenden Schaden zu mildern, insbesondere bei Bosskämpfen.

Mana-Management

Mana ist wichtig, um Zauber zu wirken, Fähigkeiten zu nutzen und andere Aktionen im Spiel auszuführen. Wenn dir das Mana ausgeht, bist du möglicherweise verwundbar und nicht in der Lage, die mächtigsten Fähigkeiten deines Charakters zu nutzen.

- **Manaregeneration**: Bestimmte Builds konzentrieren sich auf **Manaregeneration** oder **Mana-Aussaugung** um sicherzustellen, dass Ihnen immer Ressourcen zur Verfügung stehen, um Ihre Fähigkeiten einzusetzen. Priorisieren Sie Gegenstände oder passive Punkte, die die Manaregeneration steigern, wenn Ihr Build stark von Zaubersprüchen abhängt.

- **Manatränke**: Genau wie bei der Gesundheit helfen Manatränke dabei, Ihr Mana schnell wiederherzustellen. Einige Tränke sorgen für vorübergehende Boosts, während andere eher für längere Schlachten geeignet sind.

- **Effiziente Mananutzung**: Die Verwaltung des Manaverbrauchs ist für Zauberwirker von entscheidender Bedeutung. Vermeiden zu viel ausgeben Mana auf Fähigkeiten, die ineffizient sind, und konzentriere dich auf Fähigkeiten, die deinen Manaausstoß maximieren.

Verwalten von Ressourcen für Überleben und Macht

Durch die Verwaltung von Gesundheit und Mana stellen Sie sicher, dass Sie überleben und gleichzeitig die Angriffskraft aufrechterhalten können. Bauen Sie Synergien auf, z **Leben auf Erfolg** oder **Mana bei Treffer** kann helfen, die Notwendigkeit zu lindern, sich zu häufig auf Zaubertränke verlassen zu müssen.

Kampftaktiken: Positionierung und Strategie

In *Path of Exile 2*Positionierung und taktische Entscheidungen sind entscheidend für den Erfolg. Im Kampf geht es nicht nur darum, Knöpfe zu drücken – es geht darum, sich an das Schlachtfeld anzupassen und Ihre Fähigkeiten zur richtigen Zeit und am richtigen Ort einzusetzen.

Positionierung und Bewegung

Eine effektive Positionierung im Kampf ermöglicht es den Spielern, Schaden zu vermeiden und gleichzeitig ihre eigenen Angriffe zu maximieren. Zu den wichtigsten Taktiken gehören:

- **Kiten**: Dies ist eine Technik, die im Fernkampf verwendet wird und bei der man sich kontinuierlich von Feinden entfernt, während man sie angreift. Dies ist besonders nützlich, um Nahkampfschaden zu vermeiden.

- **Engpässe**: Die Verwendung von Engpässen in der Umgebung – wie enge Korridore oder Türen – kann die Bewegung des Feindes einschränken und Ihnen die Kontrolle über den Kampfablauf ermöglichen.

- **Flankierend**: Bei Nahkämpfern können flankierende Feinde Ihren Schaden deutlich erhöhen. Sich auf der schwachen Seite des Feindes zu positionieren, verschafft Ihnen im Kampf einen Vorteil.

Nutzung von Umweltgefahren

Umweltgefahren wie Fallen, explosive Fässer oder gefährliches Gelände können Sie zu Ihrem Vorteil nutzen. Erfahren Sie, wie Sie durch diese Elemente navigieren, um das Risiko zu minimieren oder sie sogar gegen Ihre Feinde einzusetzen.

Bosskämpfe und fortgeschrittene Strategie

Bosskämpfe erfordern eine sorgfältige Vorbereitung und Durchführung. In vielen Fällen müssen Sie die Angriffsmuster des Bosses studieren und herausfinden, wie Sie am effizientesten Schaden verursachen und gleichzeitig vermeiden, getroffen zu werden.

- **Boss-Mechanik**: Achten Sie auf die Mechanik der Bosse, da die meisten Bosse Angriffsmuster haben, die durch schnelle Reflexe und Bewegungen vermieden werden können. Manche Bosse erfordern eine bestimmte Positionierung oder zeitlich begrenzte Aktionen, um sie zu besiegen.

- **Cooldown-Management**: Der effektive Einsatz von Abklingzeiten ist in Bosskämpfen von entscheidender Bedeutung. Bewahren Sie Ihre stärksten Fähigkeiten für den Zeitpunkt auf, an dem sie den größten Einfluss haben, beispielsweise während der verwundbaren Phase eines Bosses.

Kampfmechanik beherrschen *Path of Exile 2: Dawn of the Hunt* ist ein lohnender und dynamischer Prozess. Indem die Spieler die Grundlagen des Kampfes verstehen, Ressourcen effektiv verwalten und strategische Positionierung und Taktiken anwenden, sind sie für die Herausforderungen, die das Spiel mit sich bringt, bestens gerüstet.

KAPITEL 5

HANDWERK- UND GEGENSTANDSSYSTEM

Herstellung und Gegenstanderstellung sind Kernfunktionen von *Path of Exile 2: Dawn of the Hunt*. Das Gegenstandssystem des Spiels ist komplex und umfassend und bietet den Spielern eine Vielzahl von Möglichkeiten, ihre Ausrüstung zu verbessern, zu personalisieren und zu verbessern. Egal, ob Sie Ihre Ausrüstung verfeinern oder die perfekte Waffe herstellen möchten, die Herstellungsmechanik bietet eine Fülle von Möglichkeiten. In diesem Abschnitt werden die Grundlagen des Handwerks, die Verwendung von Währungshandwerk und Modifikatoren, das Aufrüsten Ihrer Ausrüstung und das Verständnis der Rolle einzigartiger und seltener Gegenstände behandelt.

Einführung in die Handwerksmechanik

Basteln in *Path of Exile 2: Dawn of the Hunt* ermöglicht es Ihnen, Gegenstände zu modifizieren, ihre Eigenschaften hinzuzufügen oder zu ändern, um sie an die Bedürfnisse Ihres Charakters anzupassen. Durch die Herstellung können Waffen, Rüstungen, Accessoires und sogar Schmuck verbessert werden, um ihre Effektivität im Kampf zu maximieren. Es ist ein wesentlicher Teil der Charakterentwicklung, insbesondere wenn Sie in das Endspiel vordringen und immer speziellere Ausrüstung benötigen.

Die Grundlagen des Handwerks

Das Handwerkssystem basiert auf dem Konzept von **Modifikatoren**. Modifikatoren sind besondere Eigenschaften, die Gegenstände haben können, wie z. B. erhöhter Schaden, Elementarresistenz oder eine erhöhte Chance auf einen kritischen Treffer. Diese Modifikatoren sind gruppiert in **Präfixe** Und **Suffixe**.

- **Präfixe**: Präfixe verleihen einem Gegenstand häufig primäre Boosts, z. B. erhöhten Schaden, Angriffsgeschwindigkeit oder Widerstand. Diese sind in der Regel wirkungsvoller und grundlegender für Ihren Build.

- **Suffixe**: Suffixe bieten normalerweise sekundäre Boni wie Lebensregeneration, Manaraub oder zusätzliche Resistenzen.

Beim Basteln geht es darum, verschiedene Dinge zu verwenden **Herstellung von Währungen** (mehr dazu später), um diese Modifikatoren für Elemente hinzuzufügen, zu ändern oder zu entfernen. Der Prozess ist deterministisch, was bedeutet, dass die von Ihnen gewählte Herstellungsmethode bestimmt, was Sie erhalten, aber es gibt immer ein Element des Zufalls, insbesondere beim Neuwürfeln oder Aufrüsten von Gegenständen.

Handwerksstationen und Werkzeuge

Während das Basteln selbst keine bestimmten Stationen erfordert, ist es sicher so **Handwerkswerkzeuge** wie die **Wesen**, **Fossilien**, oder **Chaoskugeln** werden zum Modifizieren der Ausrüstung benötigt. Mit diesen Werkzeugen können Sie sich auf bestimmte Arten von Modifikatoren konzentrieren oder sogar die Werte eines Gegenstands komplett neu würfeln. Einige Artikel, wie z **Bastelbank** Bieten Sie in Ihrem Versteck eine begrenzte, aber vorhersehbare Auswahl an Herstellungsoptionen an, z. B. das Hinzufügen von Widerständen oder das Ändern der Seltenheit eines Gegenstands.

Bastelbank: Sobald Sie dieses Tool freigeschaltet haben, können Sie spezifische Mods für Ihre Ausrüstung herstellen. Dies ist besonders nützlich, wenn Sie einen bestimmten Modifikator benötigen, der zu Ihrem Build passt, ohne jedoch die Zufälligkeit anderer Methoden zu verlassen. Es ist ein nützliches Werkzeug im späteren Spielverlauf, insbesondere wenn man nach Widerstandsmodifikationen, Leben oder Manaregeneration sucht.

Währungsherstellung und -modifikatoren

Die Herstellung von Währungen ist eine der bedeutendsten Mechanismen überhaupt *Path of Exile 2: Dawn of the Hunt*und bietet eine Vielzahl von Möglichkeiten, Ausrüstung mithilfe der Spielwährung zu modifizieren oder zu verbessern. Diese Währungen sind für das Herstellungssystem des Spiels von entscheidender Bedeutung und bieten eine einzigartige, unvorhersehbare und aufregende Möglichkeit, Ihre Gegenstände zu verbessern.

Währungstypen

Es gibt viele Arten von Herstellungswährungen im Spiel, jede mit ihrer eigenen spezifischen Funktion und Wirkung. Zu den Hauptkategorien gehören:

- **Chaoskugeln**: Chaos-Kugeln sind der häufigste Währungsgegenstand und werden verwendet, um die Präfixe und Suffixe eines seltenen Gegenstands neu zu würfeln. Die Kugel verleiht dem Gegenstand Zufälligkeit und bietet ein potenziell besseres Ergebnis, jedoch ohne Garantie.

- **Erhabene Kugeln**: Erhabene Kugeln fügen einem Gegenstand ein neues Präfix oder Suffix hinzu, was ein entscheidender Teil des Herstellungsprozesses im späteren Spielverlauf ist. Diese Kugel ist wertvoll und wird häufig bei der Herstellung auf

51

hohem Niveau verwendet, um bereits gut zusammengebauter Ausrüstung mächtige Mods hinzuzufügen.

- **Königliche Kugeln**: Königliche Kugeln werten einen magischen Gegenstand zu einem seltenen Gegenstand auf und ändern auch die Modifikatoren des Gegenstands. Diese werden typischerweise beim Übergang von einem magischen Gegenstand (der nur ein Präfix und ein Suffix hat) zu einem seltenen Gegenstand (der sowohl Präfixe als auch Suffixe hat) verwendet.

- **Veränderungskugeln**: Diese werden verwendet, um die magischen Eigenschaften eines Gegenstands zu ändern und seine Präfixe oder Suffixe zu modifizieren. Die Effekte sind jedoch zufällig. Spieler verwenden diese Kugel, um bestimmte Mods anzuvisieren, wenn sie mit magischen Gegenständen arbeiten.

- **Kugeln der Verschmelzung**: Kugeln der Verschmelzung werden verwendet, um Sockel an einem Gegenstand zu verbinden, ein wesentlicher Prozess bei der Herstellung von Gegenständen mit spezifischen Sockelverbindungen für Fertigkeitsedelsteine. Sockel bestimmen, wie Sie Ihre aktiven und unterstützenden Edelsteine kombinieren können, sodass diese Kugeln für die Optimierung Ihrer Ausrüstung von entscheidender Bedeutung sind.

- **Göttliche Kugeln**: Diese werden verwendet, um die numerischen Werte der Modifikatoren für einen seltenen Gegenstand neu zu würfeln. Mit „Göttlichen Kugeln" können Sie die Wirksamkeit der Modifikatoren, die bereits auf Ihrer Ausrüstung vorhanden sind, feinabstimmen.

Verwendung von Währung zum Basteln

Bei der Herstellung von Währungen geht es nicht nur darum, Gegenstände nach dem Zufallsprinzip zu modifizieren. Erfahrene Spieler nutzen bestimmte Währungen, um bestimmte Ergebnisse zu erzielen, beispielsweise um ihren Schaden, ihre Überlebensfähigkeit oder ihren Nutzen zu erhöhen. Für eine erfolgreiche Herstellung ist es erforderlich zu verstehen, welche Kugeln in verschiedenen Situationen verwendet werden sollen. Beispielsweise kann ein hochstufiger seltener Gegenstand erforderlich sein **Erhabene Kugeln** um zusätzliche leistungsstarke Modifikatoren hinzuzufügen, nachdem Sie es bereits erstellt haben **Königliche Kugeln**.

Darüber hinaus erhöht die Kombination mehrerer Währungen möglicherweise die Wahrscheinlichkeit, dass Sie die spezifischen Mods erhalten, die Sie benötigen. Zum Beispiel, **Veränderungskugeln** kann dabei helfen, die Modifikatoren eines Gegenstands näher an die gewünschten Werte heranzuführen **Göttliche Kugeln** ermöglicht Ihnen die Feinabstimmung des Gegenstands, nachdem der Herstellungsprozess abgeschlossen ist.

Handwerksstrategien

Beim Herstellen geht es um mehr als nur die Verwendung von Kugeln zum Modifizieren Ihrer Ausrüstung. Fortgeschrittene Spieler verfolgen bestimmte Strategien, um die Effizienz und den Erfolg ihrer Handwerksbemühungen zu maximieren:

- **Gezieltes Basteln**: Verwenden Sie Währungselemente wie **Wesen** oder **Fossilien** um sich auf bestimmte Arten von Mods zu konzentrieren. Beispielsweise könnte ein Spieler, der einen Gegenstand herstellen möchte, der den Elementarschaden erhöht, Folgendes verwenden: **Essenz des Zorns** um sicherzustellen, dass der Gegenstand mit dem gewünschten

53

Elementarschaden-Mod rollt.

- **Bildhauerausrüstung für einen Build**: Wenn Ihr Charakter eine bestimmte Kombination von Mods benötigt, um Synergien mit Ihrem Build zu erzielen, können Sie durch Crafting Gegenstände mit den besten Statistiken hinzufügen oder modifizieren. Wenn Sie beispielsweise mehr Leben und Widerstände benötigen, können Sie mithilfe von a einen Gegenstand mit einem hohen Lebenspunktewurf und hohen Widerständen herstellen **Göttliche Kugel** um die Werte an die gewünschten Schwellenwerte anzupassen.

- **Risiko minimieren**: Bewerten Sie den Gegenstand immer, bevor Sie Währung zum Herstellen verwenden. Hochwertige Gegenstände sollten nur dann mit Erhabenen Kugeln oder anderen höherstufigen Währungen aufgewertet werden, wenn Sie sicher sind, dass das Ergebnis für Ihren Build von Vorteil ist.

Ausrüstungs-Upgrades: Verbessern Sie Ihre Ausrüstung

Das Aufrüsten Ihrer Ausrüstung ist ein wesentlicher Bestandteil des Fortschritts *Path of Exile 2: Dawn of the Hunt*. Der Prozess der Verbesserung Ihrer Gegenstände umfasst sowohl die Herstellung als auch die Suche nach höherstufigen Ausrüstungsversionen.

Aufrüsten von Waffen und Rüstungen

Waffen und Rüstungen sind die Kernbestandteile des Aufbaus eines jeden Charakters. Jeder Gegenstandstyp bietet unterschiedliche Upgrade-Optionen und beeinflusst die Fähigkeit des Spielers, Schaden zu verursachen oder im Kampf zu überleben.

- **Waffen**: Das Aufrüsten von Waffen konzentriert sich normalerweise auf die Verbesserung des Schadensausstoßes oder das Hinzufügen zusätzlicher Effekte wie erhöhter kritischer Trefferchance oder Elementarschaden. Verwenden **Erhabene Kugeln** oder **Fossilien** um die Effektivität Ihrer Waffe basierend auf den von Ihnen gewählten Fähigkeiten zu verbessern.

- **Rüstung**: Rüstungsverbesserungen zielen im Allgemeinen darauf ab, die Verteidigung, den Widerstand und die Überlebensfähigkeit zu verbessern. Für Nahkampf- oder Panzer-Builds ist das Hinzufügen von Gesundheits- oder Rüstungswerten von entscheidender Bedeutung. Für Zauberer, **Energieschild** könnte eine Priorität sein.

Verbesserung von Sockets und Links

Einer der wichtigsten Aspekte von Ausrüstungs-Upgrades in *Path of Exile 2* optimiert Ihr **Steckdosen** Und **Links**. Steckdosen bestimmen, wie Sie Ihre Steckplätze einsetzen können **Fertigkeitsedelsteine**, die die Fähigkeiten deines Charakters bestimmen.

- **Sockelausrüstung**: Je mehr Sockel ein Gegenstand hat, desto mehr Edelsteine kann er unterstützen. Allerdings müssen die Edelsteine verbunden (verknüpft) werden, damit Unterstützungssteine die aktiven Fertigkeiten beeinflussen. **Kugeln der Verschmelzung** werden verwendet, um Sockel in einem Gegenstand zu verbinden, um sicherzustellen, dass Ihre Fertigkeiten und Unterstützungsgemmen optimal zusammenarbeiten.

Zubehör aufrüsten

Zubehör, wie z **Ringe**, **Gürtel**, Und **Amulette**, sind wichtig, um die Statistiken deines Charakters abzurunden. Die Verbesserung dieser

Gegenstände konzentriert sich normalerweise auf die Erhöhung von Widerständen, kritischen Werten oder die Bereitstellung zusätzlicher Attribute wie z **Lebensegel** oder **Manaregeneration**.

- **Ringe und Amulette**: Konzentrieren Sie sich auf Accessoires, die die Kernwerte Ihres Charakters verbessern oder ihm etwas Gutes tun **Widerstände**. Das Aufrüsten dieser Gegenstände erfordert oft das Hinzufügen von Mods mithilfe von **Veränderungskugeln** oder **Königliche Kugeln**.

Die Rolle einzigartiger und seltener Gegenstände

In *Path of Exile 2*Einzigartige und seltene Gegenstände spielen eine wichtige Rolle bei der Charakterentwicklung. Während seltene Gegenstände häufig durch Herstellung anpassbar sind, verfügen einzigartige Gegenstände über vorgegebene Eigenschaften, die sie äußerst wertvoll machen.

Einzigartige Artikel

Einzigartige Gegenstände sind mächtig und oft bahnbrechend und bieten Mods, die bei seltenen oder magischen Gegenständen nicht zu finden sind. Diese Gegenstände können den Spielstil eines Charakters definieren und bestimmte Fähigkeiten oder Attribute außergewöhnlich verbessern.

- **Spezialisierte Builds**: Einzigartige Gegenstände werden oft verwendet, um spezielle Builds zu erstellen, bei denen bestimmte Boni bestimmte Fertigkeiten viel stärker machen. Beispielsweise könnte eine einzigartige Waffe den Feuerschaden erhöhen und gleichzeitig die Elementarwiderstände erhöhen, ideal für einen feuerbasierten Build.

- **Einzigartige Gegenstände finden**: Einzigartige Gegenstände werden normalerweise von Bossen oder bei bestimmten Ereignissen fallen gelassen und können manchmal nur durch bestimmte Herstellungsmethoden erhalten werden.

Seltene Gegenstände

Seltene Gegenstände können durch Herstellung in hohem Maße angepasst werden. Diese Gegenstände verfügen über zufällige Modifikatoren, die es den Spielern ermöglichen, sie mit bestimmten Handwerkswährungen aufzuwerten, um Ausrüstung herzustellen, die genau ihren Bedürfnissen entspricht.

- **Basteln mit seltenen Gegenständen**: Seltene Gegenstände werden mit hergestellt **Erhabene Kugeln** oder **Königliche Kugeln** neue Präfixe oder Suffixe einzuführen. Aufgrund ihres zufälligen Charakters können Sie sie kontinuierlich neu würfeln, um sie an die sich entwickelnden Bedürfnisse Ihres Charakters anzupassen.

Einzigartige und seltene Gegenstände ausbalancieren

Der Schlüssel zur Optimierung Ihrer Ausrüstung liegt in der Balance zwischen einzigartigen und seltenen Gegenständen. Seltene Gegenstände geben den Spielern mehr Flexibilität bei der Kombination von Mods, aber einzigartige Gegenstände bieten oft hochwertige Boni, die nicht reproduziert werden können. In manchen Fällen kann ein gut gefertigter seltener Gegenstand einen einzigartigen Gegenstand übertreffen und umgekehrt.

Das Handwerks- und Gegenstandssystem in *Path of Exile 2: Dawn of the Hunt* bietet umfangreiche Möglichkeiten, die Ausrüstung und den Spielstil Ihres Charakters zu verbessern.

Indem Sie die verschiedenen Herstellungsmethoden verstehen, Ihre Ausrüstung effizient aufrüsten und wissen, wann Sie einzigartige oder seltene Gegenstände verwenden sollten, können Sie einen Charakter erschaffen, der in der Lage ist, jede Herausforderung des Spiels zu meistern. Durch das Basteln können Sie Ihren Charakter kontinuierlich verfeinern und so sowohl das Gameplay als auch die Immersion verbessern.

KAPITEL 6

SYSTEM FÜR FÄHIGKEITEN UND FÄHIGKEITEN

In *Path of Exile 2: Dawn of the Hunt*, Die **Fertigkeitsedelsteine und Fähigkeitensystem** ist eines der kultigsten und markantesten Merkmale des Spiels. Es ermöglicht eine umfassende Charakteranpassung und ermöglicht es den Spielern, einzigartige Fähigkeiten, Synergien und Spielstile zu entwickeln. Fertigkeitsgemmen sind das Herzstück des Kampfsystems und ermöglichen es den Spielern, mächtige Fähigkeiten zu nutzen und sie mit unterstützenden Fertigkeiten zu kombinieren, um verheerende Effekte zu erzielen. Die Beherrschung dieses Systems ist der Schlüssel zum Aufbau eines Charakters, der nicht nur mächtig, sondern auch an verschiedene Szenarien und Herausforderungen anpassbar ist.

Wie Fertigkeitsgemmen funktionieren

Fertigkeitsedelsteine in *Path of Exile 2* dienen als Eckpfeiler der Fähigkeiten eines Charakters und ermöglichen den Spielern den Zugriff auf eine Vielzahl von Fähigkeiten, die sie im Kampf einsetzen können. Um das Potenzial Ihres Charakters zu maximieren, ist es wichtig zu verstehen, wie sie funktionieren.

Was sind Fertigkeitsgemmen?

Fertigkeitsjuwelen sind Gegenstände, die in Sockel Ihrer Ausrüstung gesteckt werden können, und jeder Edelstein repräsentiert eine bestimmte Fertigkeit oder Fähigkeit. Es gibt sie in verschiedenen Ausführungen, darunter Aktiv-, Unterstützungs- und Hilfsgemmen, und jedes Fertigkeitsgemme kann die Art und Weise, wie Sie an den Kampf herangehen, drastisch verändern. Fertigkeitsedelsteine fallen in verschiedene Kategorien, basierend auf den Hauptattributen Ihres Charakters (Stärke, Geschicklichkeit oder Intelligenz), aber sie können von jeder Klasse verwendet werden, solange Sie die Attributanforderungen erfüllen, um sie auszurüsten.

Jede **Fertigkeitsjuwel** wird als eine der folgenden klassifiziert:

- **Aktive Fertigkeitsgemmen**: Diese Edelsteine stellen die Kernfähigkeiten bereit, die Sie im Kampf einsetzen werden. Ganz gleich, ob es darum geht, Diener zu beschwören, Zauber zu wirken oder mit Waffen anzugreifen – aktive Fertigkeitsjuwelen sind die Hauptfähigkeiten, die Ihren Spielstil bestimmen.

- **Unterstützen Sie Fertigkeitsgemmen**: Diese Edelsteine modifizieren oder verstärken die Effekte Ihrer aktiven Fertigkeitssteine und ermöglichen so mehr Schaden, Nutzen oder einzigartige Interaktionen. Unterstützungsgemmen können mit aktiven Fertigkeitsgemmen verknüpft werden, um komplexe, synergistische Effekte zu erzeugen.

- **Hilfsedelsteine**: Obwohl sie selten sind, bieten Hilfsedelsteine zusätzliche Funktionen, wie z. B. die Verbesserung der Eigenschaften Ihres Charakters oder die Bereitstellung von Verteidigungsfähigkeiten. Diese werden häufig verwendet, um Ihre passiven Statistiken zu verbessern oder Nischenfähigkeiten bereitzustellen.

Sockel und Verbindungssteine

Fertigkeitsedelsteine müssen platziert werden **Steckdosen** auf Ihrer Ausrüstung. Gegenstände können eine bestimmte Anzahl an Sockeln haben (normalerweise zwischen 1 und 6), und die Anzahl und Farbe dieser Sockel bestimmt, welche Fertigkeiten und Unterstützungsgemmen miteinander verbunden werden können.

- **Sockelfarben**: Jedem Sockel ist eines der drei Kernattribute zugeordnet: Stärke (rot), Geschicklichkeit (grün) und Intelligenz (blau). Die Farbe des Sockels schränkt die Art des Edelsteins ein, der eingesetzt werden kann, daher müssen Spieler Ausrüstung mit Sockeln in der richtigen Farbe herstellen oder danach suchen.

- **Verknüpfte Steckdosen**: Um die Effektivität deiner Fertigkeitsgemmen zu maximieren, **verbundene Steckdosen** sind notwendig. Durch die Verknüpfung können Unterstützungsgemmen die aktiven Fertigkeitsgemmen beeinflussen, mit denen sie verknüpft sind. Zum Beispiel ein **Feuerball** Fertigkeitsgemme könnte mit a verknüpft werden **Pierce-Unterstützung** Edelstein, der es dem Feuerball ermöglicht, durch Feinde zu dringen und mehrere Ziele zu treffen.

Je mehr Sockets und Links Sie haben, desto flexibler kann Ihr Build werden. Bei hochstufigen Builds kommt es oft darauf an, komplizierte Kombinationen miteinander verbundener Edelsteine zu erstellen, um verheerende Effekte auszulösen und den Gesamtschaden oder die Verteidigung zu erhöhen.

Attributanforderungen

Jeder Fertigkeitsstein hat einen **Attributanforderung**, der bestimmt, wie viel von jedem Attribut (Stärke, Geschicklichkeit oder Intelligenz) benötigt wird, um den Edelstein zu verwenden. Diese Anforderungen stellen sicher, dass Spieler die Eigenschaften ihres

Charakters sorgfältig aufbauen müssen, um die verfügbaren Fähigkeiten voll auszunutzen.

Zum Beispiel:

- **Feuerball** erfordert Intelligenz, daher können nur Charaktere mit einer beträchtlichen Menge an Intelligenz diesen Edelstein ausrüsten.

- **Wirbelwind** erfordert Stärke und Geschicklichkeit und eignet sich daher ideal für Nahkampf-Builds, die sich auf physischen Schaden und Mobilität konzentrieren.

Beim Entwerfen eines Builds ist es wichtig zu verstehen, welche Edelsteine welche Attribute erfordern. Bestimmte Edelsteine bieten auch **Pegelskalierung** zu Fähigkeiten, was bedeutet, dass sie stärker werden, wenn Sie eine höhere Stufe erreichen und Ihre damit verbundenen Attribute verbessern.

Aktiv- und Unterstützungsedelsteine erklärt

In *Path of Exile 2*, Die **Aktive Fertigkeitsgemmen** Und **Unterstützen Sie Fertigkeitsgemmen** bilden die Grundlage dafür, wie Sie an den Kampf herangehen. Diese Edelsteine werden kombiniert, um vielfältige Fähigkeiten zu schaffen, und die Beherrschung der Verwendung beider Arten ist für einen optimalen Build unerlässlich.

Aktive Fertigkeitsgemmen

Aktive Fertigkeitsgemmen bestimmen, was Ihr Charakter im Kampf tut. Dabei handelt es sich um die Fähigkeiten, die Sie im Kampf auslösen und die in der Regel den mächtigsten und prägendsten Teil Ihrer Kampfstrategie darstellen.

- **Beispiele für aktive Fähigkeiten**:

  - **Feuerball**: Ein einfacher Feuerzauber, der einen Feuerball abfeuert und den getroffenen Feinden Schaden zufügt.

  - **Zyklon**: Ein rotierender Nahkampfangriff, der allen Feinden in einem Umkreis Schaden zufügt.

  - **Skelette beschwören**: Eine Fertigkeit zur Beschwörung von Dienern, die Skelette erweckt, um in Ihrem Namen zu kämpfen.

Aktive Fertigkeitsgemmen können verbessert oder verändert werden, indem man sie mit unterstützenden Fertigkeitsgemmen verknüpft, die ihr Verhalten ändern. Zum Beispiel ein **Feuerball** Edelstein kann mit a verknüpft werden **Unterstützung bei der Feuerdurchdringung** Edelstein, der den Feuerball dazu bringt, feindliche Widerstände zu durchdringen, oder mit **Unterstützung für schnellere Projektile**, was die Projektilgeschwindigkeit erhöht.

Unterstützen Sie Fertigkeitsgemmen

Unterstützungsgemmen werden nicht von selbst aktiviert, sondern dienen dazu, die aktiven Fertigkeitsgemmen, mit denen sie verknüpft sind, zu modifizieren oder zu verbessern. Diese Edelsteine bieten zusätzliche Vorteile, wie z. B. eine Erhöhung des Schadensausstoßes, das Hinzufügen von Elementareffekten oder die Reduzierung der Manakosten der aktiven Fertigkeit.

- **Beispiele für Support-Gems**:

  - **Unterstützung für Feuerschaden hinzugefügt**: Erhöht den durch eine aktive Fertigkeit verursachten

Feuerschaden.

○ **Unterstützung für Nahkampfspritzer**: Fügt Nahkampfangriffen einen AoE-Effekt hinzu, der Feinden in der Nähe Ihres Ziels Schaden zufügt.

○ **Lebensraub-Unterstützung**: Wandelt einen Teil des verursachten Schadens in Lebensregeneration um und hilft so, deinen Charakter im Kampf zu unterstützen.

Mithilfe von Unterstützungsgemmen können Spieler auch einzigartige Kombinationen von Fähigkeiten erstellen, die mit nur aktiven Fertigkeitsgemmen unmöglich wären. Zum Beispiel ein **Beschwöre Zombies** Fertigkeitsgemme könnte mit verknüpft werden **Unterstützung für Schergenschaden** um den Schaden zu erhöhen, den deine beschworenen Zombies anrichten, oder mit **Minion-Lebenserhaltung** um sie widerstandsfähiger zu machen.

Synergie zwischen aktiven und unterstützenden Edelsteinen

Die wahre Stärke des Fertigkeiten-Edelsteinsystems liegt in den Synergien zwischen aktiven und unterstützenden Edelsteinen. Um einen effektiven Build zu erstellen, ist es wichtig zu verstehen, wie Sie bestimmte Unterstützungsjuwelen mit Ihren aktiven Fähigkeiten verknüpfen. Hier sind einige Synergien, die Sie im Auge behalten sollten:

• **Area-of-Effect (AoE)-Builds**: Verlinkung **Unterstützung für Nahkampfspritzer** oder **Größere Unterstützung mehrerer Projektile** Durch aktive Nahkampf- oder Projektilfähigkeiten erhöht sich die Anzahl der getroffenen Feinde, wodurch die Fähigkeit gegen große Gruppen effektiver wird.

- **Elementarschaden-Builds**: Unterstützungs-Edelsteine wie hinzufügen **Elementarfokus-Unterstützung** oder **Unterstützung bei der Kältedurchdringung** Elementarfähigkeiten erhöhen den Elementarschaden und verringern die Wirksamkeit feindlicher Widerstände.

- **Überlebensfähigkeit**: Wenn Sie Ihrem Build Überlebensfähigkeit hinzufügen möchten, verknüpfen Sie ihn **Stärken Sie die Unterstützung** zu deinen Nahkampffähigkeiten bzw **Unterstützung bei erlittenem Schaden wirken** Wenn du deine Zauber verbesserst, erhältst du Verteidigungsstufen, wodurch dein Charakter schwerer zu töten ist.

Wenn Sie das Gleichgewicht zwischen aktiven und unterstützenden Edelsteinkombinationen beherrschen, wird Ihrem Charakter ein enormes Potenzial freigesetzt, das es Ihnen ermöglicht, sich an verschiedene Kampfsituationen anzupassen.

Effektive Edelsteinkombinationen aufbauen

Hier geht es darum, wirkungsvolle Edelsteinkombinationen zu erstellen *Path of Exile 2* glänzt wirklich. Spieler können aktive und unterstützende Edelsteine kombinieren und kombinieren, um Builds zu erstellen, die auf bestimmte Spielstile und Herausforderungen zugeschnitten sind. Der Schlüssel zu einer effektiven Edelsteinkombination liegt darin, die Mechanismen jedes Edelsteins zu verstehen und zu verstehen, wie sie miteinander synergieren.

Build-Synergien verstehen

Der erste Schritt zum Aufbau einer effektiven Edelsteinkombination besteht darin, die Synergie zwischen verschiedenen Fähigkeiten zu verstehen. Synergie in *Path of Exile 2* bezieht sich darauf, wie gut sich bestimmte Fertigkeiten und Unterstützungsgemmen ergänzen. So gehen Sie diesen Prozess an:

- **Berücksichtigen Sie Ihren Spielstil**: Konzentrieren Sie sich auf Nahkampf, Zaubersprüche oder die Beschwörung von Schergen? Passen Sie die Auswahl Ihrer Fertigkeitsgemme an Ihre Bedürfnisse an bauen Kernkonzept. Beispielsweise kann sich ein Nahkampf-Build darauf konzentrieren **Wirbelwind** als Kernangriff, während ein Zauberwirker ihn bevorzugen könnte **Blitzranken**.

- **Fügen Sie Unterstützung für maximale Wirkung hinzu**: Sobald Sie über Ihre zentrale aktive Fertigkeitsgemme verfügen, müssen Sie Unterstützungsgemmen auswählen, die das Potenzial dieser Fertigkeit maximieren. Wenn Sie a verwenden **Feuerball**, hinzufügend **Elementarfokus-Unterstützung** Und **Unterstützung bei der Feuerdurchdringung** Erhöht den Schaden und macht es effektiver gegen Feinde mit hohen Elementarwiderständen.

- **Kombinieren Sie Angriff und Verteidigung**: Während der Angriff wichtig ist, vergessen Sie nicht, defensive Unterstützungsedelsteine wie hinzuzufügen **Lebensraub-Unterstützung** oder **Unterstützung für geschmolzene Muscheln** um sich im Kampf zu behaupten. Durch die Kombination von Angriff und Verteidigung durch Unterstützungsedelsteine wird Ihr Charakter vielseitiger.

Experimentieren und Flexibilität

Während bestimmte Edelsteinkombinationen für bestimmte Builds gut funktionieren, ist das Experimentieren ein wichtiger Teil davon *Path of Exile 2* Erfahrung. Haben Sie keine Angst davor, mit neuen Kombinationen aktiver und unterstützender Edelsteine zu experimentieren, insbesondere wenn Sie Ihre Ausrüstung verbessern oder verschiedene Teile des Spiels erkunden.

- **Testen Sie neue Combos**: Wenn Ihr aktueller Build in bestimmten Bereichen mangelhaft ist, wie z. B. AoE-Schaden oder Einzelzielschaden, experimentieren Sie mit verschiedenen Kombinationen von Unterstützungsgemmen, um den gewünschten Effekt zu erzielen. Zum Beispiel Verlinkung **Unterstützung für schnellere Angriffe** mit einem **Zyklon** Der Fertigkeitsstein erhöht deine Angriffsgeschwindigkeit und macht ihn bei Nahkampfaufbauten mit hohem Schaden effektiver.

- **Passen Sie sich an Feinde an**: Die Fähigkeit, sich an verschiedene Arten von Feinden anzupassen, ist der Schlüssel. Möglicherweise müssen Sie je nach Art des Inhalts, den Sie in Angriff nehmen, zwischen verschiedenen Edelsteinkombinationen wechseln – egal, ob es sich um PvE, PvP oder Endgame-Inhalte wie Bosskämpfe oder Mapping handelt.

Leveln und Verbessern von Edelsteinen

Im weiteren Verlauf *Path of Exile 2*, ist das Aufrüsten und Leveln deiner Edelsteine entscheidend für die Steigerung ihrer Wirksamkeit. Durch das Leveln von Edelsteinen können Spieler stärkere Fähigkeiten, höheren Schaden und neue passive Effekte freischalten.

Wie Edelsteine aufsteigen

Fertigkeitsedelsteine steigen auf, wenn du sie verwendest und Erfahrung sammelst. Edelsteine höherer Stufen bieten größere Vorteile in Bezug auf Schaden, Wirkung und Reichweite. So erhöhen Sie das Level von Edelsteinen:

- **Nutzen Sie Ihre Fähigkeiten**: Je häufiger Sie eine aktive Fertigkeit verwenden, desto mehr Erfahrung erhält der zugehörige Edelstein. Zum Beispiel mit **Feuerball** Im Kampf kann die Fertigkeitsgemme „Feuerball" eine höhere Stufe erreichen und so stärkere Effekte und erhöhten Schaden freischalten.

- **Edelsteinerlebnis**: Edelsteine steigen automatisch auf, wenn Sie sie verwenden. Sie können den Levelvorgang jedoch beschleunigen, indem Sie Ausrüstung mit ihnen ausrüsten **+X zum Level aller aktiven Fertigkeitsgemmen** oder verwenden **Edelsteinschleifer-Prismen** um die Qualität des Edelsteins zu verbessern.

Upgraden von Gems für bessere Leistung

Je höher die Stufe deiner Edelsteine, desto mächtiger werden sie, sie erfordern aber auch höhere Attribute und mehr **Erfahrung**. Das Aufwerten Ihrer Edelsteine umfasst Folgendes:

- **Verbesserung der Edelsteinqualität**: Verwenden **Edelsteinschleifer-Prismen** Verbessert die Qualität Ihres Edelsteins und verleiht ihm Bonuswerte, die seine Wirksamkeit erhöhen. Qualitätsverbesserungen sind besonders wichtig für Fähigkeiten, die stark mit der Qualität skalieren, wie z **Skelette beschwören** oder **Feuerball**.

- **Erweiterte Support-Juwelen**: Einige Unterstützungsgemmen haben **höhere Versionen** die für noch stärkere Effekte sorgen. Wenn du deinen Charakter auflevelst und höherstufige Inhalte erreichst, solltest du deine Unterstützungsjuwelen verbessern, um sie an deine wachsende Macht anzupassen.

Maximieren Sie das Potenzial Ihres Builds

Um mit Ihrem Edelstein-Build den Gipfel der Macht zu erreichen, ist es wichtig, Ihre Edelsteine auf ihr maximales Potenzial aufzurüsten. Dazu gehört auch die Nutzung **Edelsteinschleifer-Prismen**, Auswahl hochstufiger Unterstützungsedelsteine und Anpassung des Passivbaums Ihres Charakters, um die mächtigen Fähigkeiten zu ergänzen, die Sie durch Ihre Edelsteine freigeschaltet haben.

Beherrschen des Fertigkeitsgemmen- und Fähigkeitssystems in *Path of Exile 2* ist für die Herstellung effektiver, leistungsstarker Builds unerlässlich. Indem Spieler verstehen, wie Fertigkeitsedelsteine funktionieren, sie effektiv kombinieren und aufleveln, können sie einen Charakter erschaffen, der einzigartig zu ihrem Spielstil passt und in der Lage ist, jede Herausforderung zu meistern, die das Spiel ihnen stellt.

KAPITEL 7

PANTHEON-KRÄFTE UND PASSIVE VERBESSERUNGEN

Pantheonkräfte sind ein zentraler Aspekt von *Path of Exile 2: Dawn of the Hunt*und bietet Spielern eine breite Palette an passiven Boni und Buffs, die die Fähigkeiten ihrer Charaktere erheblich verbessern. Diese Kräfte ermöglichen es den Spielern, ihre Verteidigungs- und Offensivfähigkeiten individuell anzupassen und so in verschiedenen Kampfsituationen strategische Vorteile zu erzielen. Das Verständnis der Pantheon-Kräfte, deren Freischaltung und Verwendung sowie die Auswahl der richtigen Kräfte für Ihren Build können einen großen Unterschied in Ihrem Überleben und Ihrer Effektivität sowohl in der frühen als auch in der späten Phase des Spiels machen.

Einführung in die Pantheonkräfte

Pantheonkräfte sind ein einzigartiges Merkmal in *Path of Exile 2* Dies ermöglicht es den Spielern, eine Kombination daraus auszuwählen und auszurüsten **Unerheblich** Und **Große Pantheonmächte**. Diese Kräfte stammen von den verschiedenen Gottheiten in Wraeclast und gewähren jeweils spezifische passive Boni, die sich auf unterschiedliche Weise auf das Gameplay auswirken. Spieler können die Verteidigung, die Widerstände und den Nutzen ihres Charakters anpassen, indem sie geeignete Pantheon-Kräfte auswählen, was ihnen die Möglichkeit gibt, ihren Spielstil anzupassen und sich an die bevorstehenden Herausforderungen anzupassen.

Was sind Pantheonkräfte?

Pantheonkräfte sind passive Fähigkeiten, die in zwei Kategorien unterteilt sind: **Kleinere Pantheonmächte** Und **Große Pantheonmächte**. Diese Kräfte sind mit der Überlieferung des Spiels verbunden, wobei Gottheiten verschiedene Aspekte der Geschichte und mythischen Welt von Wraeclast repräsentieren.

Spieler können **ausrüsten** Jeweils eine Kleinmacht und eine Großmacht, was es ihnen ermöglicht, sich auf eine Kombination von Vorteilen zu spezialisieren, die zu ihrem Körperbau oder der jeweiligen Situation passen.

Diese Kräfte bieten beides **Defensive** Und **Offensive** Buffs, die deine Überlebensfähigkeit und Kampfleistung verbessern. Sie können Schutz vor verschiedenen Formen von Schaden bieten, Ihre Fähigkeit zur Wiederherstellung von Gesundheit oder Mana verbessern und sogar den von Ihnen verursachten Schaden oder Ihren Widerstand gegen Elementareffekte erhöhen.

Pantheon-Kräfte freischalten

Pantheonkräfte werden im Laufe des Spiels nach und nach freigeschaltet. In *Path of Exile 2*, sie sind daran gebunden **Begegnungen** mit bestimmten Göttern, die es von dir verlangen **Besiege bestimmte Bosse** oder bestimmte Herausforderungen meistern. Zum Beispiel das Entsperren von a **Große Pantheonmacht** Normalerweise müssen bestimmte Endspielbosse besiegt oder wichtige Storyline-Quests abgeschlossen werden. Kleinere Pantheon-Kräfte sind im Allgemeinen einfacher freizuschalten, bieten Ihrem Charakter aber dennoch wertvolle Stärkungen.

Die Rolle der Pantheonkräfte bei der Charakterentwicklung

Pantheon-Kräfte ermöglichen einen Fortschritt, der über herkömmliche Ausrüstungs- und Fertigkeitsverbesserungen hinausgeht. Diese Befugnisse ermöglichen **strategische Anpassung**, was sie zu einem wesentlichen Aspekt der Charakterentwicklung in der mittleren bis späten Phase des Spiels macht. Sie können den Unterschied ausmachen, ob Sie herausfordernde Begegnungen überleben oder den unerbittlichen Wellen der Feinde nicht standhalten können.

Wenn Ihr Charakter aufsteigt und sich härteren Gegnern stellt, können Sie Pantheon-Kräfte nutzen **bestimmte Schwächungen abschwächen** oder **Verstärken Sie bestimmte Verteidigungswerte**, insbesondere bei Karten mit hohem Schwierigkeitsgrad oder Bosskämpfen. Wenn Sie lernen, welche Pantheon-Kräfte den Bedürfnissen Ihres Charakters entsprechen und wann Sie sie ausrüsten müssen, werden Sie in vielen kritischen Begegnungen einen Vorteil haben.

Kleinere Pantheonkräfte freischalten und nutzen

Kleinere Pantheonmächte sorgen für **spezialisierte Buffs** Dies kann die Überlebensfähigkeit Ihres Charakters erheblich verbessern, insbesondere gegen bestimmte Arten von Feinden oder Schadensquellen. Diese Befugnisse sind typischerweise **einfacher zu entsperren** als große Pantheon-Mächte, und sie bieten wesentliche Boni zu Beginn und in der Mitte des Spiels.

So entsperren Sie kleinere Pantheonkräfte

Kleinere Pantheonkräfte werden durch Besiegen freigeschaltet **bestimmte Bosse** über die Spielwelt verstreut. Diese Bosse trifft man normalerweise in den frühen bis mittleren Bereichen des Spiels an, wodurch sie für die Spieler im Laufe der Geschichte zugänglich werden. Wenn Sie einen relevanten Boss besiegen, erhalten Sie das Recht, eine der kleineren Pantheonkräfte auszurüsten, die mit dieser Gottheit verbunden sind.

Zum Beispiel besiegen **Der Gestalter** oder **Der Ältere** kann bestimmte kleinere Pantheon-Kräfte freischalten und so Buffs wie erhöhte Widerstände oder Lebensregeneration gewähren.

Vorteile kleinerer Pantheonmächte

Kleinere Pantheonmächte bieten eine Reihe von **Defensive** Und **Dienstprogramm** Buffs, was sie ideal für Spieler macht, die ihre Verteidigung auf bestimmte Bedrohungen zuschneiden möchten. Zu diesen Buffs können gehören:

- **Erhöhter Widerstand gegen Elementarschaden**: Bestimmte kleinere Pantheonkräfte bieten möglicherweise einen erhöhten Widerstand gegen bestimmte Elemente wie Feuer, Kälte oder Blitz. Dies ist besonders nützlich, wenn man es mit Feinden zu tun hat, die Elementarschaden verursachen.

- **Verbesserte Wiederherstellung**: Einige Kräfte verbessern Ihre Fähigkeit, Gesundheit, Mana oder Energieschild wiederherzustellen. Dies ist besonders wertvoll, wenn man es mit Feinden oder Bossen zu tun hat, die hohen Schaden anrichten und andauernde Schwächungen verursachen.

- **Reduzierter Schaden durch bestimmte Gegnertypen**: Kleinere Pantheonkräfte können Boni bieten, die den durch bestimmte Feindtypen erlittenen Schaden verringern, z **Elementarmonster** oder **Chefs** mit gewissen Affinitäten.

Strategischer Einsatz kleinerer Pantheonmächte

Die richtige kleinere Pantheon-Kraft kann Ihnen dabei helfen, bestimmten Spielmechaniken oder Bossen entgegenzuwirken, die ansonsten schwer zu handhaben sind. Wenn Sie beispielsweise vor einem stehen **Feuerbasierter Boss**, indem du eine kleinere Pantheon-Macht auswählst, die Folgendes bietet **Feuerwiderstand** oder reduziert **Brandschaden erlitten** wird Ihre Erfolgsaussichten deutlich verbessern. Wenn Sie ein Gebiet mit hohem Schaden und starken Elementarangriffen betreten, möchten Sie möglicherweise eine kleinere Pantheon-Kraft ausrüsten, die mehr bietet **Widerstände** oder **Schadensbegrenzung**.

Große Pantheonkräfte freischalten und nutzen

Große Pantheonmächte sind mächtiger und bieten mehr Möglichkeiten **spielverändernde Fans** Das kann Ihre defensiven und offensiven Fähigkeiten völlig verändern. Diese Kräfte werden normalerweise freigeschaltet, nachdem große Bosse besiegt und bestimmte Endspielinhalte abgeschlossen wurden.

So entsperren Sie wichtige Pantheonkräfte

Um große Pantheonkräfte freizuschalten, müssen die Spieler sie besiegen **Endgame-Bosse** oder wichtige Meilensteine in der Geschichte erreichen. Diese Bosse sind schwerer zu besiegen als diejenigen, die für kleinere Pantheon-Mächte erforderlich sind, und sie beinhalten oft hochstufige Inhalte wie z **Uber-Bosse** oder **Begegnungen im Endspiel**.

Nachdem Sie beispielsweise eine Questreihe abgeschlossen und bestimmte Level erreicht haben, können Sie auf Folgendes stoßen **Pantheon-Prozess**, wo Sie einem mächtigen Boss oder einer Begegnungssequenz gegenüberstehen, die Sie mit dem Recht belohnt, große Pantheonkräfte auszurüsten. Der Freischaltvorgang soll Sie herausfordern und Ihre Fähigkeiten in Szenarien mit hohem Schwierigkeitsgrad testen.

Vorteile der großen Pantheonmächte

Große Pantheon-Mächte bieten deutlich wirkungsvollere Buffs als kleinere Pantheon-Mächte und konzentrieren sich oft auf **Offensive** Fähigkeiten oder extrem mächtig **Verteidigungsmechanik**. Dazu gehören:

- **Erhöhter Schadensausstoß**: Einige große Pantheon-Mächte bieten eine **Schadenserhöhung** wenn Sie bestimmten Arten von Feinden gegenüberstehen, z. B. Bossen, oder Ihnen geben **erhöhter Schaden** gegen alle Feinde einer bestimmten Art.

- **Immun gegen bestimmte Debuffs**: Große Pantheonmächte können Immunität gegen schädliche Effekte gewähren, wie z **Gift**, **Blutung**, oder **Schock**. Diese sind entscheidend, um gegen bestimmte Bosse mit starken Schwächungen oder Umwelteinflüsse zu überleben.

- **Zusätzliche Verteidigungsebenen**: Viele große Pantheonmächte bieten starke Verteidigungsboni, wie z **Schadensreduzierung**, **Lebensregeneration**, oder **Ausweichen steigert**, was sie für Endgame-Inhalte unerlässlich macht, die große Mengen an eingehendem Schaden mit sich bringen.

Strategischer Einsatz wichtiger Pantheonmächte

Die Wahl der richtigen großen Pantheon-Macht ist ein wesentlicher Bestandteil von **Überleben im Endspiel**. Viele Endgame-Bosse und Inhalte Merkmale mächtige Fähigkeiten oder Statuseffekte, die erfordern, dass Sie über eine große Pantheonmacht verfügen, um ihnen entgegenzuwirken. Wenn Sie beispielsweise vor einem stehen **Boss, der viel Schockschaden verursacht**, indem du eine große Pantheon-Macht ausrüstest **reduziert oder negiert den Schock** kann der Schlüssel zum Sieg sein.

Diese Großmächte bieten Spielern auch die Möglichkeit, sich auf bestimmte Dinge zu spezialisieren **Spielstilstrategien–** ob Sie sich darauf konzentrieren **Überlebensfähigkeit, Schadensbegrenzung,** oder **Angriff maximieren** gegen härtere Feinde.

Wählen Sie die richtigen Pantheon-Kräfte für Ihren Körperbau

Das Richtige auswählen **Pantheonkräfte** Für den Aufbau Ihres Charakters ist es eine wichtige Entscheidung, die Ihr Spielerlebnis erheblich verbessern kann. Durch die Synergie zwischen deinen Pantheon-Kräften und dem passiven Baum, den Fähigkeiten und der Ausrüstung deines Charakters können mächtige Kombinationen entstehen, die dich im Kampf effektiver machen.

Beurteilung Ihrer Builds Bedürfnisse

Bewerten Sie die Stärken und Schwächen Ihres Builds, bevor Sie sich für Pantheon-Kräfte entscheiden. Zum Beispiel, wenn Ihr Körperbau hoch ist **Offensive**, könnten Sie sich auf große Pantheonkräfte konzentrieren, die Ihren Schadensausstoß erhöhen. Wenn Sie a spielen **Tank** Rolle, Fokussierung auf **Defensive** Pantheon-Kräfte, die eingehenden Schaden reduzieren oder Wiederherstellung gewähren, könnten die bessere Wahl sein.

- **Offensive Builds**: Wenn Ihr Ziel darin besteht, Ihren Schaden zu maximieren, wählen Sie „Pantheon Powers" aus **Erhöhe deinen Schaden** gegen Bosse oder erhöhe deinen Gesamtschaden in bestimmten Kampfszenarien. Einige kleinere Pantheon-Mächte können den Schaden gegen Elementargegner erhöhen, während größere Mächte möglicherweise verstärkende Buffs bereitstellen **kritische Trefferchance** oder **Schadensskalierung**.

- **Defensive Builds**: Für Panzer-fokussierte oder defensive Builds, wobei verstärkte Pantheon-Kräfte Vorrang haben **Widerstände**, **Schadensreduzierung**, oder bereitstellen **Immunstärkungen** wird Ihnen helfen, länger gegen Feinde mit hohem Schaden oder Bosse mit vielen Schwächungen zu überleben.

Kombination von Klein- und Großmächten für Synergien

Der Schlüssel zu einer effektiven Pantheon-Anpassung liegt in **Kombination kleiner und großer Pantheonmächte** passend zu Ihrem Spielstil und den Herausforderungen, denen Sie gegenüberstehen. Es ist wichtig zu bedenken, dass Sie jeweils nur eine kleine und eine große Pantheonmacht ausrüsten können. Diese Einschränkung erfordert sorgfältige Überlegung und Planung, um sicherzustellen, dass Sie das Beste aus diesen Verbesserungen herausholen.

Sie können sich beispielsweise für a entscheiden **Kleinere Macht** das nimmt zu **Feuerwiderstand** Wenn Sie es mit feuerlastigen Bossen zu tun haben, kombinieren Sie es mit einem **Großmacht** Das stärkt dich **Schadensausstoß** in diesen spezifischen Begegnungen. Alternativ können Sie auch a wählen **Großmacht** das bietet **erhöhte Lebensregeneration** und kombiniere es mit einem **Kleinere Macht** das verringert den erlittenen Schaden **giftig** Effekte für eine bessere Überlebensfähigkeit in bestimmten Begegnungen.

Experimentieren und Anpassen an Endgame-Inhalte

Während Sie im Spiel vorankommen und schwierigere Herausforderungen freischalten, stellen Sie möglicherweise fest, dass Ihre anfänglichen Pantheon-Kräfte nicht mehr so effektiv sind wie früher. Zögern Sie nicht, mit verschiedenen Kombinationen von Pantheon-Kräften zu experimentieren, basierend auf den Inhalten, mit denen Sie gerade konfrontiert sind. Das Wechseln Ihrer kleineren und größeren Pantheonkräfte je nach Umgebung und Spielstil kann zu stärkeren Ergebnissen führen.

Pantheon-Kräfte und passive Buffs in *Path of Exile 2: Dawn of the Hunt* bieten ein Maß an Individualisierung, das es den Spielern ermöglicht, ihre Charaktere zu verfeinern, um in bestimmten Kampfsituationen effektiver zu sein. Mit den richtigen Pantheon-Kräften können Sie sich an jedes Szenario anpassen und Ihre Erfolgschancen in der riesigen Welt von Wraeclast erhöhen.

KAPITEL 8

DER ATLAS DER WELTEN UND DAS KARTENSYSTEM

Der Atlas der Welten und das dazugehörige Kartensystem gehören zu den kompliziertesten und lohnendsten Aspekten von *Path of Exile 2: Dawn of the Hunt*. Der Atlas bietet nicht nur die Möglichkeit, neue Gebiete zu erkunden und sich mit immer schwierigeren Inhalten herauszufordern, sondern bietet auch Belohnungen, die für die Weiterentwicklung der Macht Ihres Charakters unerlässlich sind. Die Beherrschung des Atlas und seiner Kartenmechanik ist für den Fortschritt im Endspiel von entscheidender Bedeutung, da er den Schlüssel zum Freischalten von hochstufigen Inhalten und zum Erhalten wertvoller Beute enthält. In diesem Abschnitt erfahren Sie, wie der Atlas funktioniert, wie Sie neue Regionen freischalten und wie Sie Karten ändern, um das bestmögliche Spielerlebnis zu erzielen.

Einführung in den Atlas und seine Bedeutung

Der Atlas der Welten ist ein umfangreiches Endgame-Feature in *Path of Exile 2: Dawn of the Hunt* das als Karten- und Fortschrittssystem für hochrangige Inhalte dient. Der Atlas bietet Spielern eine große Anzahl an Regionen zum Erkunden, jede mit ihren eigenen Herausforderungen, Bossen und Beutebelohnungen. Wenn Spieler Karten vervollständigen, machen sie Fortschritte beim Freischalten neuer Gebiete und Bosse und erhöhen gleichzeitig ihre Chancen, mächtige Gegenstände und Ausrüstung zu erhalten.

Was ist der Atlas der Welten?

Der Atlas der Welten ist im Wesentlichen ein riesiges, miteinander verbundenes Netz von **Karten** die Spieler erkunden können. Diese Karten repräsentieren verschiedene Regionen von Wraeclast und sind über die Spielwelt verstreut. Jede Karte bietet einzigartige Umgebungsherausforderungen, Feinde und Ziele.

Der Atlas selbst wird als riesige Karte mit Regionen dargestellt, mit denen Spieler interagieren können, um sich zu engagieren **Abbildung** Aktivitäten.

Jede Region des Atlas hat eine **Stufe** Dies bestimmt den Schwierigkeitsgrad der zugehörigen Karten. Die Karten beginnen auf niedrigeren Leveln (anfängerfreundlich) und steigen mit zunehmendem Abschluss zu höheren Leveln auf (Endgame-Inhalte). Karten innerhalb des Atlas sind durch verbunden **Ältere** oder **Former** Einflüsse und fügen dem System zusätzliche Komplexitätsebenen hinzu.

Warum der Atlas wichtig ist

Der Atlas ist ein wesentlicher Bestandteil für den Fortschritt **Endspiel** von *Path of Exile 2* aus mehreren Gründen:

- **Endgame-Inhalte**: Durch das Abschließen von Karten im Atlas erhalten Sie Zugriff auf einige der schwierigsten und lohnendsten Inhalte im Spiel, darunter mächtige Bosse, komplexe Feinde und hochstufige Beute.

- **Beute und Belohnungen**: Karten bieten einige der besten Beute im Spiel, darunter seltene und einzigartige Gegenstände. Karten höherer Stufen enthalten größere Belohnungen, führen aber auch gefährlichere Feinde und Mechaniken ein, sodass die Spieler fortgeschrittene Builds und Strategien verwenden müssen.

- **Boss-Begegnungen**: Während Sie den Atlas durchgehen, werden Sie Begegnungen mit dem freischalten **Former**, **Ältere**, und andere Endgame-Bosse. Diese Bosse lassen hochrangige Gegenstände fallen und stellen erhebliche Herausforderungen dar, die Strategie und Vorbereitung erfordern.

Navigieren im Atlas

Wenn Sie mit dem Atlas interagieren, werden Sie auf eine Karte stoßen, die aus verschiedenen Regionen besteht, die jeweils einen unterschiedlichen Schwierigkeitsgrad darstellen. Wenn Sie fertig sind **Karten** innerhalb des Atlas gewinnen Sie **Atlas-Fortschritt**, wodurch neue Gebiete, Bosse und Herausforderungen freigeschaltet werden. Darüber hinaus gewinnen Sie **Passive Atlas-Punkte** Diese können für Modifikatoren und Boni ausgegeben werden, die das Verhalten von Karten beeinflussen, darunter höhere Drop-Raten, anspruchsvollere Bosse und bessere Beute.

Interaktion mit dem Atlas

Der Atlas ermöglicht es den Spielern, mit dem Kartensystem des Spiels zu interagieren und **anpassen** ihre Erkundung durch das Hinzufügen von Modifikatoren, das Ändern von Karteneigenschaften und die Auswahl des Schwierigkeitsgrads. Dies ermöglicht ein Maß an Individualisierung, das das Endspiel sowohl spannend als auch herausfordernd macht.

Neue Karten und Regionen freischalten

Das Freischalten neuer Karten und Regionen im Atlas ist ein wichtiger Teil des Fortschritts. Zu Beginn werden die Regionen des

Atlas gesperrt, und wenn Sie verschiedene Karten und Herausforderungen abschließen, werden Sie nach und nach neue Gebiete zum Erkunden freischalten. Der Prozess der Freischaltung neuer Regionen hängt direkt mit dem zusammen **Atlas-Fortschritt** System.

So entsperren Sie Karten

Karten werden durch freigeschaltet **schrittweise Fertigstellung**. Wenn Sie Karten im Spiel vervollständigen, werden automatisch neue Gebiete im Atlas geöffnet. Zum Beispiel, wenn Sie erfolgreich abgeschlossen haben **Karte der Stufe 1**, Sie schalten Karten der Stufe 2 frei und so weiter. Dieser Fortschritt ist notwendig, um Zugang zu mächtigeren Bossen, besserer Beute und höherstufigen Karten zu erhalten.

Jede abgeschlossene Karte gewährt Zuschüsse **Atlas-Fortschritt** Punkte, mit denen zusätzliche Regionen im Atlas freigeschaltet werden. Um eine neue Karte freizuschalten, müssen Sie:

- **Schließe bestimmte Kartenebenen ab**: Durch das Abschließen einer Kartenstufe wird die nächste freigeschaltet. Wenn Sie beispielsweise alle Karten der Stufe 1 löschen, können Sie Karten der Stufe 2 freischalten.

- **Besiege Endgame-Bosse**: Viele große Bosse im Atlas müssen besiegt werden, um weitere Regionen oder höherstufige Karten freizuschalten. Zum Beispiel das Besiegen der **Former** oder **Ältere** im Atlas schaltet neue Teile der Karte frei.

Einfluss und das Elder/Shaper-System freischalten

Eine entscheidende Komponente beim Freischalten neuer Karten ist die **Ältester/Former** System. Der Atlas ist in Regionen unterteilt **beeinflussen** entweder durch die **Former** oder die **Ältere**, zwei

82

mächtige Wesen, die in der Überlieferung des Spiels gegensätzliche Kräfte darstellen.

- **Einfluss des Schöpfers**: Der Einfluss des Schöpfers ist auf Karten zu sehen und das Abschließen von Karten in von Schöpfern beeinflussten Regionen eröffnet neue Möglichkeiten, sich den Schergen des Schöpfers zu stellen und schwierigere Herausforderungen freizuschalten.

- **Älterer Einfluss**: Ebenso wirkt sich der Einfluss des Ältesten auf bestimmte Regionen des Atlas aus, bietet verschiedene Modifikatoren und ermöglicht es den Spielern, mächtige Bosse im Elder-Stil zu bekämpfen. Entsperren **Ältere Wächter** oder **Gestalterwächter** ist der Schlüssel zum Zugriff auf einige der anspruchsvollsten Endgame-Inhalte.

Regionaler Fortschritt und Boni

Während Sie den Atlas durchgehen, erhalten Sie **Passive Atlas-Punkte** die ausgegeben werden können, um passive Fertigkeiten im Atlas-Baum freizuschalten. Diese Fertigkeiten bieten verschiedene Boni, die sich auf die Vervollständigung der Karte, die Beute-Drop-Raten und das Verhalten von Monstern im Atlas auswirken können. Zum Beispiel:

- **Erhöhte Beute-Drops**: Das Freischalten bestimmter passiver Fertigkeiten auf dem Atlas erhöht die Wahrscheinlichkeit, dass höherwertige Beute auf Ihren Karten erscheint.

- **Erhöhter Boss-Schwierigkeitsgrad**: Einige Atlas-Fertigkeiten erhöhen den Schwierigkeitsgrad von Karten, steigern aber auch die Belohnungen, wie zum Beispiel mächtigere Bosse oder seltene Beute-Drops.

Das Gleichgewicht von **Erschließung neuer Regionen** Und **Atlas-Punkte investieren** Die Gestaltung Ihrer Karten ist ein wichtiger Aspekt beim Fortschritt im Endgame-Inhalt des Spiels.

Karten modifizieren: Was sind Kartenmods?

Kartenmodifikationen sind Modifikatoren, die Spieler auf Karten anwenden können, um das Verhalten und den Schwierigkeitsgrad des Karteninhalts zu ändern. Diese Mods können die Karte schwieriger machen, mehr Belohnungen hinzufügen oder neue Mechaniken einführen, die Ihre Fähigkeiten und Strategien herausfordern. Verstehen, wie man Karten mit ändert **Kartenmods** ist wichtig, um Ihre Beute zu maximieren und Ihre Erfolgschancen zu verbessern.

Was sind Kartenmods?

Karten-Mods sind zusätzliche Effekte, die mithilfe verschiedener Handwerkswerkzeuge im Spiel auf Karten angewendet werden, z **Kugel der Alchemie** oder **Chaoskugeln**. Diese Modifikatoren können die folgenden Aspekte einer Karte ändern:

- **Schwierigkeit**: Einige Kartenmodifikationen erhöhen den Schwierigkeitsgrad der Karte, indem sie Monster gefährlicher machen oder zusätzliche Mechaniken einführen, z **Chefleiden** oder **Erhöhte Monstergesundheit**.

- **Beutemodifikatoren**: Andere Mods können das erhöhen **Beute-Drop-Rate** oder fügen Sie zusätzliche Belohnungen hinzu, z **zusätzliche Währung** oder **seltene Gegenstände**. Zum Beispiel ein **höherstufiger Beutemodifikator** kann die Chancen, mächtige einzigartige Gegenstände oder wertvolle Handwerksmaterialien zu erhalten, drastisch erhöhen.

- **Umweltauswirkungen**: Einige Mods bringen Umweltgefahren mit sich, wie z **kalte Zonen**, **Giftwolken**, oder **Bereiche mit vielen Fallen**, was die Spieler dazu zwingt, ihre Strategien und Ausrüstung anzupassen, um zu überleben.

So wenden Sie Kartenmods an

Um Kartenmodifikationen anzuwenden, verwenden Spieler verschiedene Handwerksgegenstände, um ihre Karten zu modifizieren, wie zum Beispiel:

- **Kugel der Alchemie**: Wertet eine normale Karte mit zufälligen Modifikatoren auf eine seltene Karte auf.

- **Chaoskugel**: Erneut die Modifikatoren der Karte und fügt neue Effekte hinzu.

- **Gesegnete Kugeln**: Ändern Sie die Eigenschaften der Modifikatoren der Karte in günstigere.

Während diese Mods den Schwierigkeitsgrad der Karte erhöhen, bieten sie auch das Potenzial für größere Belohnungen, darunter bessere Beute und wertvollere Handwerksmaterialien. Zu verstehen, wann Mods angewendet und welche Mods priorisiert werden sollten, ist ein wichtiger Teil des Fortschritts durch den Endgame-Inhalt.

Modding-Strategie

Kartenmodding erfordert eine Strategieebene. Der Schlüssel liegt im Gleichgewicht **Schwierigkeit** mit **belohnen**. Wenn Sie beispielsweise nach seltener Beute suchen, verwenden Sie **Beute-fokussierte Mods** mag sinnvoll sein, aber wenn Sie auf bestimmte Bosse oder mächtige Drops abzielen, könnten Sie sich bewerben **schwierige Mods** um sicherzustellen, dass der Nutzen das Risiko rechtfertigt.

Erweiterte Mapping-Strategien und Endgame-Inhalte

Je weiter man in das Endspiel des Spiels vordringt, desto komplexer und herausfordernder wird das Kartensystem. Um in diesen fortgeschrittenen Phasen erfolgreich zu sein, müssen Sie Strategien entwickeln, die es Ihnen ermöglichen, den Atlas und seine Modifikatoren voll auszunutzen.

High-Level-Mapping und Boss-Begegnungen

Auf Endgame-Karten gibt es einige der härtesten Bosse im Spiel, von denen viele spezielle Strategien erfordern. Diese Bosse lassen hochstufige Beute fallen und können erhebliche Herausforderungen mit sich bringen, die eine fortgeschrittene Vorbereitung und Taktik erfordern.

- **Bosse und Kartenmods**: Karten ändern mit **Boss-bezogene Mods** erhöht die Herausforderung und die Wahrscheinlichkeit, dass Beute fallen gelassen wird, aber Sie müssen Ihren Build anpassen, um diese schwierigen Begegnungen zu meistern. Bringen Sie geeignete Widerstandsausrüstung, Heilfläschchen und Fähigkeiten zur Massenkontrolle mit, um diese Kämpfe zu überleben.

- **Boss-Mechaniken beherrschen**: Jeder Boss auf dem Atlas verfügt über seine eigenen Mechaniken, die oft kompliziert sind **Umweltgefahren** oder **telegrafierte Angriffe**. Zu lernen, diese Muster zu lesen und Positionierungs- und Bewegungsfähigkeiten einzusetzen, ist der Schlüssel zum Sieg in diesen Schlachten.

Maximierung der Beute mit Kartenmods

In fortgeschrittenen Karten ist die Beute von entscheidender Bedeutung, in höherstufigen Karten ebenfalls **höherstufige Mods** bessere Belohnungen anbieten. Modding-Karten für mehr Beute-Drops, z. B. durch Verwendung **Lucky- oder Magic-Find-Mods**, kann wertvolle Gegenstände, einzigartige Ausrüstung usw. hervorbringen **Währungsposten**.

Wenn Sie Ihre Mapping-Strategie rund um die Beutemaximierung planen, können Sie im Endspiel erfolgreich sein.

Der Einfluss des Schöpfers und des Ältesten

Wenn Sie weiter in den Atlas vordringen, werden Sie auf das stoßen **Former** Und **Ältere** Chefs. Dies sind einige der anspruchsvollsten Kämpfe im Spiel, und um sie zu besiegen, sind leistungsstarke Ausrüstung, starke Fähigkeitssynergien und präzises Gameplay erforderlich. Schöpfer- und Ältestenwächter können mit spezifischen Kartenmodifikationen modifiziert werden, um diese Begegnungen noch schwieriger zu machen, aber die Beute und Belohnungen sind die Mühe wert.

Strategie zur Mapping-Effizienz

Eine effiziente Kartierung ist unerlässlich, um hochstufige Beute zu farmen und schnell durch den Atlas voranzukommen. Hier sind einige Strategien zur Maximierung Ihrer Mapping-Effizienz:

- **Kartendrehung**: Legen Sie eine Kartenrotation fest, die Sie mit Ihrem aktuellen Build und Ihrer Ausrüstung effizient abschließen können. Dies ermöglicht eine schnelle Landwirtschaft, ohne sich durch schwierige Begegnungen zu verzetteln.

- **Einfluss des Schöpfers/Ältesten**: Nutzen Sie die Einflussmechanik des Schöpfers/Ältesten, die neue Herausforderungen und Belohnungen bietet, während Sie die höheren Stufen des Atlas erklimmen.

- **Auf der Suche nach bestimmten Mods**: Abhängig vom Körperbau Ihres Charakters und Spielstil, erwägen Sie, sich auf Karten zu konzentrieren, die bestimmte Belohnungen bieten, wie zum Beispiel Währungstropfen, mächtige Bosse oder Beutemodifikatoren, die Ihren Bedürfnissen entsprechen.

Der Atlas der Welten und sein Kartensystem bieten Spielern zahlreiche Möglichkeiten, ihre Builds zu testen, ihren Charakter zu verbessern und sich mit einigen der schwierigsten Inhalte des Spiels herauszufordern. Indem Sie das Kartensystem beherrschen, neue Regionen freischalten und Ihre Strategien für Karten auf hohem Niveau optimieren, können Sie sicherstellen, dass Ihre Reise durch Wraeclast sowohl lohnend als auch herausfordernd wird.

KAPITEL 9

KOMPLETTE DURCHFÜHRUNGEN UND GESCHICHTENFORTSCHRITT

In *Path of Exile 2: Dawn of the Hunt,* Questfortschritt und Story-Erkundung sind zentrale Komponenten, die den Spieler durch die weitläufige Welt von Wraeclast führen. Jeder Akt führt neue Umgebungen, Charaktere, Herausforderungen und Wendungen in der Handlung ein, die die übergreifende Erzählung prägen. Dieser Abschnitt bietet einen umfassenden Überblick über den Handlungsverlauf des Spiels in den ersten vier Akten, einschließlich wichtiger Quests, Herausforderungen und Bossbegegnungen, die für den Fortschritt im Spiel von entscheidender Bedeutung sind.

Akt 1: Einführung und früher Fortschritt

Akt 1 dient als Ausgangspunkt von *Path of Exile 2: Dawn of the Hunt,* wo Spieler in die Welt von Wraeclast, seine Bewohner und die grundlegenden Mechanismen des Spiels eingeführt werden. Dieser Akt gibt den Ton für das Spiel vor, indem er sowohl Erzähl- als auch Gameplay-Tutorials bereitstellt und nach und nach komplexere Herausforderungen einführt.

Der Prolog: Eintritt in Wraeclast

Zu Beginn von Akt 1 werden Sie in die brutale Welt von Wraeclast gestoßen, einem rauen und unbarmherzigen Land, in das Verbannte geschickt werden, um sich ihrem Schicksal zu stellen. Nach einer kurzen Einführung in die Spielmechanik haben Sie die Aufgabe, das

Spiel zu überleben **Schiffbruchufer–** eine feindliche Umgebung voller gefährlicher Monster und Feinde.

Die erste Quest dient als Tutorial und führt die Spieler durch die Grundlagen des Kampfes, der Bewegung und der Interaktion mit NPCs.

Frühe Begegnungen mit dem **Zombies**, **Ratten**, Und **Untote Kannibalen** Stellen Sie vor, wie wichtig es ist, Ihre Angriffe zu positionieren und zu timen, sowie die **Fertigkeitsedelsteine** System für Kampffähigkeiten.

Wichtige Quests und Ziele in Akt 1

Im ersten Akt beginnt Ihr Charakter, die Geheimnisse von Wraeclast aufzudecken, während er verschiedenen NPCs hilft. Zu den wichtigsten Quests während dieses Akts gehören:

- „**Der Twilight Strand**": Diese Quest führt Spieler in das Kampfsystem ein und gibt ihnen einen ersten Einblick in die feindselige Umgebung des Landes. Das Abschließen dieser Quest hilft, das freizuschalten **Slums**, wo Sie begegnen werden **Sie wandern**, ein wichtiger NPC.

- „**Der Bewohner des Sandes**": Diese Quest bietet neue Kampfmöglichkeiten und führt die Spieler ein **Exilfraktionen–** der Schlüssel zum Freischalten zukünftiger Quests und Charaktere im Spiel.

- „**Die Nekropole**": Eine kritische Quest, die zukünftige Erzählmomente vorbereitet und einige der Kernkräfte der Hauptfigur freischaltet.

Diese frühen Quests konzentrieren sich darauf, Vertrauen in die Spielmechanik aufzubauen und die Spieler zu ermutigen, mit verschiedenen zu experimentieren **Fertigkeitsedelsteine** Und **Spielstile**.

Der erste Boss: Merveil

Der erste große Bosskampf findet gegen Ende von Akt 1 statt. **Wunder**, eine mächtige Seehexe, stellt für neue Spieler eine gewaltige Herausforderung dar. Diese Begegnung ist ein Test für dich **Ausweichen** Fähigkeiten und Ihre Fähigkeit dazu **Ressourcen verwalten**, wie **Wo** Und **Tränke**. Merveils mehrere Phasen, einschließlich ihr **Beschwörung von Schergen** und bedeutsamer Umgang **Wasserschäden**, führe die Spieler in die Dynamik von Bosskämpfen ein *Path of Exile 2*.

Sobald Merveil besiegt ist, werden Sie das freischalten **Vorgehensweise 2** und erhalte Belohnungen, die die Kraft deines Charakters steigern und so die Voraussetzungen für anspruchsvollere Begegnungen schaffen.

Akt 2: Die Geschichte entfaltet sich und neue Herausforderungen

Akt 2 setzt die Geschichte fort und vertieft das Geheimnis rund um die Welt von Wraeclast. Neue Regionen, wie die **Waldlager** Und **Die Weite**, öffne dich. Den Spielern wird Neues vorgestellt **NPCs**, jede mit einzigartigen Quests, die die Komplexität der Hauptgeschichte erhöhen. Akt 2 präsentiert auch härtere Monster, die ein besseres Verständnis der Kampfmechanik und des Einsatzes von Fertigkeitsedelsteinkombinationen erfordern.

Der Aufstieg neuer Feinde

Eines der herausragenden Merkmale von Akt 2 ist der zunehmende Schwierigkeitsgrad der Monster. Spieler werden mit mächtigeren

Versionen früherer Feinde konfrontiert, darunter auch mit neuen Typen **Bestien, Elementarmonster,** Und **Banditenführer**. Jeder neue Typ erfordert Anpassungen in der Taktik, sei es durch Anpassung Ihrer **Rüstung, Manaverbrauch,** oder **Positionierung**.

Die Einführung von **Banditenfraktionen** in Akt 2 bietet Spielern die Möglichkeit, sich auf die Seite bestimmter Fraktionen zu stellen, um einzigartige Belohnungen zu erhalten, darunter zusätzliche Buffs, Rüstungssets oder die Geschichte verändernde Effekte. Diese Auswahlmöglichkeiten ermöglichen mehr **Rollenspielelemente** und bieten einen personalisierten Weg durch Akt 2.

Schlüsselquests in Akt 2

In Akt 2 entfalten sich mehrere bedeutende Quests, die den Spieler tiefer in das Geheimnis von Wraeclast eintauchen lassen:

- **„Das Sarn-Lager"**: Diese Quest stellt vor **Banditenführer** und ermöglicht es den Spielern zu entscheiden, ob sie dies tun möchten **helfen** oder **Verlust** diese Führer. Jede Entscheidung hat weitreichende Konsequenzen für zukünftige Quests, einschließlich der Möglichkeit, diese freizuschalten **besondere Fähigkeiten** Und **neue Ausrüstung**.

- **„Die Weite und die Korruption"**: Diese Quest stellt wichtige Story-Elemente vor und die **Korruption** Auswirkungen auf das Land und die Bewohner von Wraeclast.

- **„Der Aufstieg der Riesen"**: Diese Quest stellt vor **Titanic-Bosse**– riesige, mächtige Bosse, deren Überwindung mehrere Kampfstrategien erfordert. Diese Bosse stellen eine große Herausforderung dar und ihr Abschluss bringt enorme Belohnungen mit sich **Beute** Und **Erfahrung**.

Schlüsselbosskampf: Die Bandit Lords

Am Ende von Akt 2 werden Sie mit dem konfrontiert **Banditenlords** in einem mehrstufigen Kampf. Diese Bosse sind schwer zu besiegen, was von Ihnen verlangt wird **Konzentrieren Sie sich auf die Positionierung**, verwenden **Statuseffekte**, und verstehen Sie die einzigartige Mechanik jedes Bosses. Die Begegnung erfordert ständige Bewegung, da die Banditenlords sie herbeirufen können **Schergen**, **Giftwolken**, Und **Feuerfallen** um dich zu besiegen. Dieser Kampf bietet die Möglichkeit zum Freischalten **zusätzliche Bastelmaterialien** Und **Boss-Beute**.

Nach dem Sieg über die Bandit Lords öffnet sich der Weg zu Akt 3, der zu einer noch größeren Herausforderung führt.

Akt 3: Steigende Schwierigkeiten und wichtige Bosskämpfe

Akt 3 ist bekannt für seine **erhöhter Schwierigkeitsgrad**, mit komplexeren Umgebungen, komplizierten Rätseln und mächtigen Feinden, die Ihr Wissen über die Spielmechanik auf die Probe stellen. Die Erzählung nimmt auch eine düsterere Wendung, da die **Einfluss des Ältesten** breitet sich über Wraeclast aus und droht, die gesamte Realität zu verschlingen.

Der Aufstieg des Einflusses der Älteren

Der Älteste **Korruption** wird zu einem Schlüsselthema in Akt 3. Die Spieler treffen auf Neues **Mit den Ältesten verbündete Feinde**, einschließlich **Ältere Wächter** das nutzen **einzigartige Fähigkeiten** die Umwelt zu verzerren. Diese Feinde stellen eine große Herausforderung für Spieler dar, die gerade die Bosse von Akt 2 überlebt haben.

Während der Einfluss des Ältesten wächst, enthüllt die Handlung auch eine große Wendung: **Der Verrat** von wichtigen NPCs, verändert die Ziele des Spielers und zwingt ihn, sich ihnen zu stellen **Verräter** Und **korrupte Wesen**.

Schlüsselquests in Akt 3

Akt 3 führt neue Gameplay-Systeme und Quests ein, die die Komplexität der Erzählung erhöhen:

- **„Der Weg zur Erlösung"**: Diese Quest stellt vor **Quests für die gefallenen Helden**, mächtige NPCs, die sich gegen den Spieler gewandt haben. Diese Quests fordern Sie heraus **Strategie** und erfordern, dass Sie sie überwinden **korrupte Mächte**.

- **„Die Mahnwache des Wächters"**: Diese Quest beinhaltet das Besiegen **Beobachter-Bosse** die mächtig besitzen **Teleportation** Und **Illusion** Fähigkeiten. Der Kampf gegen diese Wächter stellt Sie auf die Probe **Bewusstsein** Und **Timing**.

- **„Das unergründliche Meer"**: Die letzte Quest in Akt 3, die einführt **Ältere Lord-Bosse**, massive Bosse, die erfordern **Koordinierung** Und **Flankentaktiken** zu besiegen.

Schlüsselbosskampf: Die Schergen des Ältesten

Der letzte Bosskampf in Akt 3 beinhaltet den Kampf gegen den **Schergen des Ältesten**, furchteinflößende Feinde mit **Einberufung** Fähigkeiten, **Elementarangriffe**, Und **Schwächungen**. Um diese Minions zu besiegen, müssen Sie sich an ihren ständigen Angriff anpassen, ihre individuellen Mechanismen verstehen und Ihre Umgebung zu Ihrem Vorteil nutzen.

Die Belohnungen für diesen Kampf sind immens **High-End-Beute Und Ältere Kugeln** Damit können Sie Ihre Ausrüstung verbessern oder das Kartensystem ändern.

Akt 4: Das Endspiel beginnt

Akt 4 leitet den Übergang von der Haupthandlung in ein **Endgame-Inhalte.** Obwohl Akt 4 immer noch Teil der Haupterzählung ist, sind die Herausforderungen deutlich härter und erfordern ein tiefes Verständnis der Spielmechanik, der Synergien bei der Charakterbildung und der Kartenstrategien. Hier beginnt die wahre Prüfung des Spielers.

Der letzte Vorstoß gegen den Älteren

Das Hauptaugenmerk von Akt 4 liegt auf der letzten Konfrontation mit **Der Ältere**, eine gottähnliche Figur, die eine existenzielle Bedrohung für die Welt von Wraeclast darstellt. In diesem Akt erreicht die Geschichte ihren Höhepunkt, indem die Spieler daran arbeiten, den Einfluss des Ältesten ein für alle Mal zu zerstören. Jedoch, **neue Bedrohungen** entstehen als die **Former** und andere **alte Kräfte** Stürzen Sie sich ins Getümmel, was zu mehrphasigen, hochkomplexen Boss-Begegnungen führt.

Schlüsselquests in Akt 4

- „Einfluss des Gestalters": Diese Quest leitet die letzte Konfrontation mit dem ein **Former** Und **Ältere**. Die Spieler müssen abschließen **schwierige Mapping-Herausforderungen** um die wahren Motive und Fähigkeiten des Ältesten aufzudecken.

- **„Das ungebrochene Reich":** Eine Quest, die die Tiefen der Domäne des Ältesten erkundet und die Spieler herausfordert, seine zu überwinden **Schergen, Illusionen,** Und **Fallensysteme**.

- **„Das Schicksal von Wraeclast"**: Der klimatische Schlussakt, der Sie auf die Probe stellt **Endgültiger Bau** und treibt die Spieler durch eine Reihe von **Endspielkarten** die mit jeder Herausforderung schwieriger werden.

Schlüsselbosskampf: The Elder vs. The Shaper

Dieser letzte Kampf beinhaltet die Konfrontation zwischen den **Ältere** und die **Former**, zwei Einheiten, deren gegnerische Kräfte Wraeclast bedrohen. Der Kampf ist mehrphasig und erfordert, dass die Spieler alle während der Reise erlernten Fähigkeiten und Strategien anwenden.

Die Reise durch *Path of Exile 2: Dawn of the Hunt* ist eine komplizierte und aufregende Erfahrung. Jeder Akt baut auf dem letzten auf und eskaliert die Geschichte und den Schwierigkeitsgrad schrittweise, um die Spieler auf die ultimativen Herausforderungen in Wraeclast vorzubereiten. Durch das Abschließen von Quests, das Besiegen von Bossen und das Fortschreiten der Akte können Spieler neue Fähigkeiten, Ausrüstung und Strategien freischalten, die ihr Gameplay verbessern und den Weg für das Endspiel ebnen.

KAPITEL 10

ENDSPIELINHALT: FORTGESCHRITTENE STRATEGIEN

Der **Endspiel** von *Path of Exile 2: Dawn of the Hunt* Hier glänzt das Spiel wirklich und bietet komplexe Herausforderungen, hochriskante Kämpfe und das Potenzial für mächtige Belohnungen. Die Spieler müssen ihre Strategien anpassen, ihre Builds verfeinern und die schwierigsten Inhalte meistern, die das Spiel zu bieten hat. In diesem Abschnitt geht es um den Übergang zum Endspiel, das Besiegen **Uber-Bosse**, Farmen Sie hochstufige Inhalte für maximale Belohnungen und finalisieren Sie Ihren Build für den Erfolg im Endspiel. Die Beherrschung dieser Aspekte ist entscheidend, um durch die anspruchsvollsten Inhalte des Spiels voranzukommen.

Übergang zum Endspiel: Was Sie wissen müssen

Wenn Sie das Endspiel von erreichen *Path of Exile 2*, der Schwierigkeitsgrad erhöht sich deutlich. Der Übergang vom Story-Fortschritt zum Endgame-Inhalt erfordert von den Spielern, dass sie ihre Strategien anpassen, ihre Builds optimieren und sich neuen Herausforderungen stellen, die ihre Fähigkeiten und ihr Wissen auf die Probe stellen. Dieser Abschnitt führt Sie durch die wichtigsten Aspekte des Übergangs zum Endspiel, einschließlich Vorbereitung, Denkweise und Verständnis der bevorstehenden Herausforderungen.

Endgame-Fortschritt verstehen

Das Endspiel in *Path of Exile 2* ist rundherum strukturiert **Abbildung**– Erkundung der **Atlas der Welten** und das Abschließen hochstufiger Karten, die schwierige Monster, mächtige Bosse und wertvolle Beute bieten.

Wenn Sie Karten vervollständigen und durch den Atlas voranschreiten, werden Sie schwierigere Regionen, herausfordernde Bosse und Möglichkeiten freischalten, den Fortschritt Ihres Charakters weiter zu optimieren.

Das Endspiel beginnt nach Abschluss der Hauptkampagne, endet dort aber nicht. Der **Atlas** ist ein riesiges, miteinander verbundenes System, das es Ihnen ermöglicht, verschiedene Regionen von Wraeclast zu erkunden, von denen jede einzigartige Herausforderungen und Bosse bietet. Sie müssen Ihre Ausrüstung verbessern, mächtige Gegenstände herstellen und Ihre Edelsteine aufleveln, um den schwierigsten Inhalt des Spiels zu meistern.

Was Sie für das Endspiel benötigen

- **Leistungsstarke Ausrüstung**: Der Endgame-Inhalt ist weitaus schwieriger als das, was Sie in der Hauptkampagne erlebt haben. Sie benötigen hochwertige Ausrüstung, wie z **selten** oder **Unikate**, um den immensen Schaden zu bewältigen, der von hochstufigen Feinden verursacht wird. Das bedeutet, dass Sie Ihre Ausrüstung entsprechend Ihren Bedürfnissen herstellen oder aufrüsten müssen **Endgame-Bosse** Und **High-Level-Karten**.

- **Optimierter Build**: Am Ende des Spiels muss Ihr Charakteraufbau stark optimiert werden. Dabei geht es um die Maximierung Ihrer **Schadensausstoß**, **Überlebensfähigkeit**, Und **Ressourcenmanagement**. Möglicherweise müssen Sie bzw Tauschen Sie Ihren passiven Baum aus **Fertigkeitsedelsteine**, und experimentieren Sie damit **Unterstützen Sie Edelsteine** um sicherzustellen, dass Ihr

Build den härtesten Herausforderungen gewachsen ist.

- **Endgame-Wissen**: Es ist von entscheidender Bedeutung, die Mechanismen des Endspiels des Spiels zu verstehen. Sie müssen wissen, wie man Karten ändert **Kartenmods**, wie man damit umgeht **Chefmechaniker**, und wie man das verwendet **Pantheon-System** um Ihren Aufbau an die spezifischen bevorstehenden Herausforderungen anzupassen.

Ausrüstungs-Upgrades und Kartenmodifikationen

Stellen Sie vor dem Eintauchen in hochrangige Karten sicher, dass Ihre Ausrüstung vorhanden ist **maximiert** für Überlebensfähigkeit und Offensive. Rüste Gegenstände aus, die etwas bieten **Widerstände, Leben, Und Schaden** steigert. **Kartenmods** sind entscheidend für die Änderung des Schwierigkeitsgrads und der Belohnungen von Karten. Einige Kartenmods bieten Boni für **Beute fällt**, während andere die erhöhen **Schwierigkeit** von Monstern oder hinzufügen **Statuseffekte** wie **Schock** oder **einfrieren**.

Durch sorgfältige Auswahl **Kartenmodifikatoren**, kannst du die Qualität deiner Farmläufe steigern, deine Beute maximieren und deine Begegnungschancen optimieren **Chefs** mit hochwertigen Prämien. Sie können die Belohnungen dieser Karten auch durch die Einführung erhöhen **spezielle Modifikatoren** dieser Anstieg **Währungsverluste** oder **erhöhen Sie die Wahrscheinlichkeit, seltene Gegenstände zu erhalten**.

Beherrschung der Mechanismen von Endgame-Begegnungen

Endgame-Bosse und -Karten verfügen über komplexe Mechaniken, die es erfordern **geschicktes Timing, Mobilität, Und Wissen** der einzigartigen Herausforderungen der Begegnung. Bosse verfügen möglicherweise über komplexe Angriffsmuster, Spezialphasen und Umgebungseffekte, die Präzision erfordern **Ausweichen** Und

Positionierung. Darüber hinaus mögen Kartenmechaniken **Aktivierung der Falle, Schadensreflexion, Und Schwächungen** erfordern eine sorgfältige Planung und Strategie.

Uber Bosses: Die ultimativen Feinde besiegen

Path of Exile 2 Merkmale **Uber-Bosse**, die ultimativen Endgame-Herausforderungen, die die Fähigkeit des Spielers auf die Probe stellen, mehrere zu bewältigen Bedrohungen gleichzeitig. Diese Bosse sind weitaus schwieriger als die regulären Bosse, denen Sie im Atlas begegnen, und bieten die höchsten Belohnungen und die härtesten Mechaniken.

Was sind Uber-Bosse?

Uber-Bosse sind Eliteversionen der regulären Bosse, die im Endgame-Inhalt des Spiels zu finden sind. Diese Bosse sind in der Regel schwieriger, verfügen über deutlich höhere Lebenspunkte, komplexe Angriffsmuster und verheerende Fähigkeiten, die unvorbereitete Spieler leicht überwältigen können. Sie lassen auch die beste Beute fallen, darunter **seltene und einzigartige Gegenstände, Währung, Und besondere Bastelmaterialien.**

Wichtige Uber-Bosse

Einige der bekanntesten Uber-Bosse in *Path of Exile 2* enthalten:

- **Der Gestalter**: Ein legendäres Wesen, das das Gefüge der Realität selbst kontrolliert. Der Shaper ist ein äußerst schwieriger Chef, der etwas erschafft **Teleportationsportale** und beschwört tödliche Diener. Das Besiegen des Schöpfers erfordert die Beherrschung der Ausweichmechanik, den Umgang mit Dienern und den Umgang mit hohen DPS beim Navigieren in der Arena.

- **Der Ältere**: Eine dunkle und bösartige Kraft, die das Chaos manipuliert. Der Älteste hat die Macht, das Schlachtfeld zu verzerren, verheerende Umweltgefahren zu schaffen und Beschwörungen herbeizuführen **Ältere Wächter** um ihm im Kampf zu helfen. Das Besiegen des Ältesten erfordert **aggressiver DPS, hohe Widerstände**und die Fähigkeit zu vermeiden **Projektilschaden** Und **Schaden-über-Zeit-Debuffs.**

- **Der Maven**: Ein neuer Boss, der in den späteren Akten von eingeführt wurde *Path of Exile 2*, der Maven bringt eine Herausforderung mit sich **mehrere Phasen** Und **Multi-Boss-Mechanik.** Während des Kampfes bezieht der Maven Kraft von Bossen in der Nähe, daher ist die Positionierung und Kontrolle des Kampfes von entscheidender Bedeutung, um einen völligen Misserfolg zu vermeiden.

Uber Boss-Mechaniken und -Strategien

Jeder Uber-Boss verfügt über seine eigene einzigartige Mechanik, und um sie zu besiegen, sind sorgfältige Vorbereitung und strategische Planung erforderlich. Hier sind einige allgemeine Strategien:

- **Vorbereitung vor dem Kampf**: Bevor Sie gegen einen Uber-Boss kämpfen, stellen Sie sicher, dass Sie **Gang** ist auf Überlebensfähigkeit und Schaden optimiert. Ausrüsten **Flaschen** dieser Zuschuss **Immunität gegen Debuffs**, wie zum Beispiel **einfrieren** oder **Schock**, Und **Tränke** das wiederherstellen **Gesundheit** oder **Wo**.

- **Positionierung und Bewegung**: Viele Uber-Chefs nutzen **telegrafierte Fähigkeiten** oder **Arenaweite Angriffe**Daher ist die Positionierung von entscheidender Bedeutung. Behalten Sie es im Auge **Umwelthinweise** und bewegen Sie sich früh, um dies zu vermeiden **tödliche Projektile** oder **AoE-Zauber**.

- **DPS-Management**: Ein hoher Schaden pro Sekunde ist für Uber-Bosse unerlässlich, aber es ist ebenso wichtig, ihn zu verwalten **Ressourcen** Und **Abklingzeiten**. Seien Sie aufmerksam **Manaverbrauch**, und bewahren Sie Ihre stärksten Angriffe für Momente auf, in denen der Boss verwundbar ist.

Belohnungen für das Besiegen von Uber-Bossen

Das Besiegen von Uber-Bossen bietet die Möglichkeit **beste Beute im Spiel**, einschließlich:

- **Exklusive Unikate**: Diese Gegenstände sind in der Regel äußerst leistungsstark und verfügen über besondere Eigenschaften **Affixe** das ist bei normaler Ausrüstung nicht zu finden.

- **Spezielle Handwerksmaterialien**: Materialien wie **Uber-Kugeln** oder **Uber-Fragmente** werden verwendet, um einige der hochwertigsten Gegenstände im Spiel herzustellen.

- **Endgame-Währung**: Uber Bosses sind eine ausgezeichnete Quelle für **hochwertige Währungsgegenstände**, wie zum Beispiel **Erhabene Kugeln**, **Göttliche Kugeln**, Und **Gesegnete Kugeln**, mit denen Sie Ihre Ausrüstung weiter verbessern können.

Endgame-Inhalte farmen und Beute maximieren

Die Landwirtschaft von Endgame-Inhalten ist ein wichtiger Teil davon *Path of Exile 2*s Endspielschleife. Das Ziel des Farmens besteht darin, Karten und Bosse konsequent abzuräumen und Beute zu verdienen, die zur Verbesserung Ihres Charakters verwendet oder an andere Spieler verkauft werden kann. Effiziente Landwirtschaft ist eine Kunst, die Planung, Strategie und Kenntnisse der Spielsysteme erfordert.

Was ist Landwirtschaft?

Landwirtschaft in *Path of Exile 2* beinhaltet das wiederholte Ausführen von Endgame-Inhalten – insbesondere **Karten** Und **Uber-Bosse**–gewinnen **Beute** Und **Währung**. Das Ziel der Landwirtschaft besteht darin, einen nachhaltigen Kreislauf zu schaffen, in dem Sie wertvolle Gegenstände und Ressourcen verdienen, die es Ihnen ermöglichen **Fortschritt** Und **Upgrade** Dein Charakter.

Effiziente Landwirtschaftsstrategien

- **Kartendrehung**: Farmen Sie eine Reihe von Karten, die schnell zu räumen sind, aber dennoch wertvolle Belohnungen bieten. Benutzen Sie Ihre **Passive Atlas-Punkte** um die Beute auf diesen Karten zu verbessern und die Begegnungschancen zu erhöhen **Chefs** oder **seltene Beute**.

- **Beutemaximierung**: Ausrüsten **Beuteorientierte Ausrüstung** oder **Unterstützen Sie Edelsteine** die die Chancen erhöhen, seltene Gegenstände zu finden, wie z **Magischer Fund** oder **Seltenheit** steigert. Dadurch erhöhen sich Ihre Chancen, gefunden zu werden **Unikate**, **Währung**, Und **Bastelmaterialien** während deiner Läufe.

- **Ändern von Karten**: Verwenden **Kartenmods** das erhöht die **Droprate** von Währungen, seltenen Gegenständen oder **Bastelmaterialien**. Bedenken Sie jedoch, dass einige Mods den Schwierigkeitsgrad erhöhen, also wägen Sie das Risiko mit der Belohnung ab.

Landwirtschaftsstrategien für Uber-Bosse

- **Boss-Farming**: Das Besiegen von Uber-Bossen ist die lohnendste Form des Endgame-Farmings. Bereiten Sie sich auf jede Begegnung vor, indem Sie die Boss-Mechaniken recherchieren und sicherstellen, dass Sie das Richtige haben **Gang** Und **Flaschen** um ihren Schaden zu bewältigen.

- **Beute-Drops maximieren**: Einige Uber-Bosse haben spezifische **Beutepools**, und die wiederholte Durchführung dieser Begegnungen ist eine großartige Möglichkeit, Geld zu verdienen **hochwertige Beute**. Stellen Sie sicher, dass Sie den DPS Ihres Charakters optimiert haben **Beschleunigen Sie Farmläufe** ohne das Überleben zu gefährden.

Finalisieren Sie Ihren Build für den Endgame-Erfolg

Beim Übergang ins Endspiel von *Path of Exile 2*, **Optimierung Ihres Builds** wird von größter Bedeutung. Ihr Charakter muss für beides fein abgestimmt sein **Überlebensfähigkeit** Und **Offensivkraft** um die schwierigsten Inhalte im Spiel zu bewältigen.

Die Bedeutung von Synergien

Endgame ist integriert *Path of Exile 2* Verlassen Sie sich darauf **Synergie**– die Art und Weise, wie Ihre Fähigkeiten, Passiven, Ausrüstung und Pantheon-Kräfte zusammenarbeiten. Ein erfolgreicher Endgame-Build muss Folgendes berücksichtigen:

- **Fertigkeits-Edelstein-Kombinationen**: Stellen Sie sicher, dass Ihre Fertigkeitsedelsteine für hohen Schaden und Nutzen optimiert sind. Kombinieren **Aktive Fertigkeitsedelsteine** mit

104

Unterstützen Sie Edelsteine die Ihre Wirksamkeit in beiden Bereichen maximieren **Bosskämpfe** Und **Abbildung**.

- **Verteidigungsmechanik:** Investieren in **Defensivstatistiken** wie **Rüstung, Widerstände, Lebensregeneration**, Und **Energieschild** um den brutalen Schaden hochstufiger Gegner zu überleben.

Anpassen der Ausrüstung für Endgame

Wenn Sie sich dem Endspiel nähern, sollten Sie über eine Überarbeitung nachdenken **Gang** bereitzustellen **hohe Überlebensfähigkeit** Und **Offensivpotenzial.** Zum Beispiel konzentrieren sich Spieler auf **DPS** sollte Prioritäten setzen **Mods mit erhöhtem Schaden** oder **kritische Trefferchance** auf Waffen, während **Tank-fokussierte Builds** investieren sollte **Leben** Und **Schadensbegrenzung** auf Rüstung.

Finalisierung des Passivbaums

Der **Passiver Baum** muss beim Übergang zum Endspiel noch einmal überprüft werden. Respekt Punkte und passive Fähigkeiten sollten zugewiesen werden, um Schlüsselattribute wie zu verbessern **Schadensskalierung, Überlebensfähigkeit,** Und **Ressourcenmanagement**. Stellen Sie sicher, dass Ihr passiver Baum das unterstützt **Synergien** deiner Ausrüstung und Fertigkeitsedelsteine.

Endgame-Inhalte in *Path of Exile 2* bietet die anspruchsvollsten und lohnendsten Erlebnisse im Spiel. Indem Sie Uber-Bosse meistern, Ihre Landwirtschaftsstrategien optimieren und Ihren Build fertigstellen, können Sie die schwierigsten Inhalte des Spiels meistern und in Wraeclast langfristig Erfolg haben.

KAPITEL 11

MULTIPLAYER, HANDEL UND COMMUNITY-ENGAGEMENT

In *Path of Exile 2: Dawn of the Hunt*, das Multiplayer-Erlebnis, das Handelssystem und das Community-Engagement sind wichtige Aspekte, die das gesamte Gameplay und die Langlebigkeit des Spiels verbessern. Spieler können zusammenarbeiten **Parteien**, nehmen Sie teil **PvP** Arenen, engagieren sich mit dem **Wirtschaft** durch Handel und Teilnahme daran **Gemeinschaftsveranstaltungen** um mit der sich entwickelnden Spielwelt in Verbindung zu bleiben. Dieser Abschnitt befasst sich mit jedem dieser Bereiche und bietet eine umfassende Anleitung, wie Sie die Multiplayer- und Community-Aspekte des Spiels optimal nutzen können.

Spielen im Mehrspielermodus: An Partys teilnehmen

Der Mehrspielermodus ist eine Kernkomponente von *Path of Exile 2*Dies ermöglicht es den Spielern, sich mit anderen zusammenzuschließen, um die schwierigsten Inhalte des Spiels anzugehen, Belohnungen zu teilen und ein dynamisches und soziales Erlebnis zu bieten. Der Beitritt zu Gruppen verbessert das Gesamterlebnis, da Spieler gegen hochrangige Bosse antreten, Beute teilen und kooperative Strategien entwickeln können.

So treten Sie einer Party bei und gründen sie

Einer Partei beitreten und sie gründen *Path of Exile 2* ist ein einfacher Prozess, der jedoch Koordination erfordert, um sicherzustellen, dass

Sie auf die bevorstehenden Herausforderungen vorbereitet sind. So treten Sie einer Party bei:

- **Partygründung**: Um eine Party zu erstellen, verwenden Sie einfach die **Party-Schnittstelle** im Hauptmenü oder über die Registerkarte „Soziale Netzwerke". Als Gruppenleiter können Sie andere zu Ihrer Gruppe einladen, indem Sie sie verwenden **Namen im Spiel** oder indem du einer öffentlichen Partei oder Gilde beitrittst.

- **Einer Party beitreten**: Sie können einer Party beitreten, indem Sie auswählen **Party** Klicken Sie im Menü im Spiel auf die Registerkarte „Tab" und wählen Sie die Gruppe, der Sie beitreten möchten, anhand ihrer Aktivitäten oder Gruppenbeschreibung aus. Öffentliche Partys sind üblich, um bestimmte Bosse zu bewirtschaften oder **Endgame-Inhalte**.

- **Parteigröße und Mitgliederrollen**: In den meisten Parteien gibt es solche **drei bis sechs Spieler** erlaubt. Jedes Mitglied der Gruppe kann je nach den Bedürfnissen der Gruppe und den behandelten Inhalten eine bestimmte Rolle übernehmen, z. B. DPS (Damage Dealer), Tank oder Support.

Partyfans und Synergien

Einer der größten Vorteile des Beitritts zu einer Partei ist der **Synergie** erstellt durch die Kombination verschiedener Builds und Rollen. Partyfans und Synergien sind entscheidend für den Erfolg *Path of Exile 2*:

- **Geteilte Buffs**: Viele **Unterstützungsfähigkeiten** Und **Aura-Edelsteine** haben starke Vorteile, wenn sie in einer Party verwendet werden. Zum Beispiel ein **Aura der Reinheit des Feuers** bieten kann **Widerstand** Buffs für die gesamte

Gruppe, während **Unterstützen Sie Edelsteine** kann den Schaden der Fähigkeiten deiner Verbündeten erhöhen.

- **Kooperatives Spielen**: Einige Mechaniken im Spiel, wie z **Einberufung**, **Massenkontrolle**, Und **Heilung**, sind in einer Partyumgebung effektiver. Zum Beispiel ein **Nekromant** Charakter kann beschwören **Schergen** zu Panzerschäden, während a **Templer** oder **Hexe** kann aus der Ferne mit hochrangigen Bossen umgehen.

- **Beute teilen**: Im Mehrspielermodus kann die Beute zwischen Gruppenmitgliedern geteilt werden, sodass jeder die Chance hat, wertvolle Gegenstände zu sammeln. Während **spezifische Beuteregeln** kann individuell angepasst werden (z.B. **kostenlos für alle** oder **Gruppenbeute**) führt die Zusammenarbeit in einer Partei oft zu größeren Belohnungen für alle beteiligten Mitglieder.

Strategien für den Multiplayer-Erfolg

Zu einem erfolgreichen Multiplayer-Gameplay gehört mehr als nur der Beitritt zu einer Party. Effektive Kommunikation, Koordination und strategisches Spiel sind der Schlüssel zum Besiegen harter Bosse und zum Vorankommen auf schwierigen Karten.

- **Kommunikation**: Verwenden **Voice-Chat im Spiel** oder **externe Chat-Plattformen** B. Discord, um alle über feindliche Positionen, Boss-Mechaniken oder Ressourcenmanagement auf dem Laufenden zu halten. Eine klare Kommunikation stellt sicher, dass bei Begegnungen alle auf dem gleichen Stand sind.

- **Positionierung und Rollenerfüllung**: Stellen Sie sicher, dass Sie Ihre Rolle in der Gruppe erfüllen. Tanks sollten Feinde angreifen und Schaden absorbieren, während sich DPS-Charaktere auf das Verursachen von Schaden konzentrieren und Support-Charaktere bei Bedarf für Heilung oder Stärkung sorgen sollten.

- **Zeitmanagement**: Multiplayer-Partys laufen oft durch **High-Tier-Karten** oder **Bossbegegnungen** für Loot-Farming. Zeitmanagement wird entscheidend für die Maximierung der Effizienz. Stellen Sie sicher, dass Sie alle darüber im Klaren sind, auf welche Inhalte Sie sich konzentrieren möchten und wie lange jede Sitzung dauern wird.

Vorteile des Multiplayer-Spiels

- **Gruppensynergie**: Wie bereits erwähnt, können Mehrspielergruppen ihre Builds kombinieren, um schwierige Herausforderungen zu meistern, die für einen Einzelspieler nahezu unmöglich wären. **Auren**, **Buffs**, Und **Schwächungen** Im Team stärker werden, was ein flüssigeres Gameplay ermöglicht.

- **Von anderen lernen**: Das Multiplayer-Gameplay führt Sie in verschiedene Builds und Strategien ein. Wenn Sie mit erfahreneren Spielern spielen, können Sie Ihr eigenes Gameplay verbessern, indem Sie neue Techniken, Strategien und Möglichkeiten zur Optimierung Ihres Charakters erlernen.

Wettbewerbsfähige PvP- und Ranglistensysteme

Während *Path of Exile 2* ist vor allem für seine wettbewerbsfähigen PvE-Inhalte bekannt **PvP** (Spieler gegen Spieler) ist ein wichtiger Teil des Spiels für Spieler, die ihre Fähigkeiten gegen andere testen möchten. PvP-Matches sind ein Test für beides **individuelles Können**

Und **Teamarbeit**, wo Spieler um Ranglisten, Belohnungen und Angeberrechte kämpfen.

PvP-Modi: Duell und Arena

In *Path of Exile 2*gibt es verschiedene Modi, in denen Spieler an kompetitiven PvP-Kämpfen teilnehmen können:

- **Duell**: Spieler können sich gegenseitig herausfordern **Duelle** um ihre Kampffähigkeiten in einer Eins-gegen-eins-Umgebung zu testen. Duelle finden typischerweise in speziellen Arenen statt **Best-of-Three** Format. Der Gewinner erhält eine Belohnung, die Währung oder besondere Gegenstände umfassen kann.

- **PvP-Arenen**: PvP-Arenen sind größere Schlachtfelder, auf denen mehrere Spieler oder Teams gegeneinander um die Vorherrschaft kämpfen. Diese Arenen können vorkommen **mannschaftsbasierte Spiele** oder **kostenlos für alle** Schlägereien. Die Spieler konkurrieren um die Kontrolle über Ziele, eliminieren Gegner und sammeln Punkte.

- **PvP-Ligen**: Zusätzlich zu Gelegenheitsspielen, *Path of Exile 2* Merkmale **PvP-Ligen**, die sind **saisonale Veranstaltungen** wo Spieler um hohe Platzierungen kämpfen.

  Spieler verdienen **Rangpunkte** basierend auf ihrer Leistung in PvP-Spielen, und die bestplatzierten Spieler erhalten besondere Belohnungen und Anerkennung.

Wettbewerbsranking und Bestenlisten

PvP im *Path of Exile 2* wird von einem kompetitiven Ranking-System begleitet. Spieler verdienen **Rangpunkte** basierend auf ihren Siegen und Niederlagen, und ihre Ranglisten werden auf einem angezeigt

globale Bestenliste. Je höher Ihr Rang, desto höher sind die Belohnungen und die **Prestige** mit Ihrem Namen verbunden.

- **Ranglistenspiele**: Wettbewerbsfähige PvP-Matches sind typischerweise **Rang**. Der Gewinn eines Matches steigert deine **Rangpunkte**, während eine Niederlage einen Punkteverlust zur Folge hat. Spieler müssen a **hohe Siegesserie** und in Spielen konstant gute Leistungen erbringen, um die Ränge zu erklimmen.

- **Saisonale Belohnungen**: PvP-Saisons ermöglichen es Spielern, exklusive Belohnungen basierend auf ihrem Rang zu verdienen. Zu diesen Belohnungen gehören **Kosmetikartikel**, **Währung**, und sogar etwas Besonderes **Nur PvP-Ausrüstung**. Die besten Spieler jeder Saison erhalten möglicherweise auch einzigartige Titel, die sie von anderen Spielern in der Community unterscheiden.

PvP-Strategie und Tipps

- **Kompetenzsynergien**: Im PvP ist es wichtig, sich auf die Synergien zwischen euch zu konzentrieren **Fertigkeitsedelsteine**, **Gang**, Und **passive Fähigkeiten**. Builds, die für PvE-Inhalte entwickelt wurden, funktionieren im PvP möglicherweise nicht so gut **Anpassen Ihres Builds** um mit anderen Spielern umzugehen **Ausweichmanöver**, **Widerstände**, Und **Gegenangriffe** ist entscheidend.

- **Timing und Reflexe**: PvP-Kämpfe drehen sich oft um schnelle Reflexe und die Fähigkeit dazu **Lesen Sie die Bewegungen des Gegners**. Erfolgreiche Spieler müssen den nächsten Zug und Einsatz ihres Gegners vorhersehen **Massenkontrolle** Fähigkeiten im richtigen Moment und **ihre Ressourcen verwalten** (Gesundheit, Mana usw.) effizient.

- **Anpassungsfähigkeit**: Im PvP passen sich deine Gegner kontinuierlich an deine Taktiken an und lernen daraus. Bleiben Sie flexibel, passen Sie Ihre Strategien im Verlauf des Kampfes an und lernen Sie, gängige PvP-Taktiken wie zu kontern **Kite-and-Shoot** oder **Explosionsschaden.**

Handel: Wirtschaftlichkeit und Herstellung Ihrer Ausrüstung

Path of Exile 2 verfügt über eine lebendige und komplexe **Wirtschaft** angetrieben durch den Handel, der für den Erwerb des Besten unerlässlich ist **Gang, Währung, Und Bastelmaterialien.** Das Handelssystem ist eng mit dem Handwerk verbunden und ermöglicht es den Spielern, entweder die notwendigen Gegenstände für ihre Builds zu kaufen oder ihre eigene wertvolle Beute dafür zu verkaufen **Währung.**

Die Wirtschaft verstehen

Die Wirtschaft von *Path of Exile 2* dreht sich um **Artikel, Währung, Und Handelsnetzwerke.** Spieler tauschen oft Gegenstände, um sie zu erhalten **bestimmte Ausrüstung** oder **Währung** erforderlich, um ihre Builds herzustellen oder zu verbessern. Der Markt wird hauptsächlich angetrieben von **Angebot und Nachfrage**, wobei seltene Gegenstände und hochwertige Beute die höchsten Preise erzielen.

- **Währung**: Zusätzlich zu **Gold** oder andere Formen traditioneller Währung, das Spiel bietet verschiedene **Währungsposten**, wie zum Beispiel **Chaoskugeln, Erhabene Kugeln, Und Göttliche Kugeln**, die zum Herstellen und Modifizieren von Ausrüstung verwendet werden. Diese Artikel dienen als **primäre Handelswährung** im Spiel.
- **Handelswirtschaft**: Die meisten Transaktionen werden durch erleichtert **die Handelsplattform** oder **Tauschhandel im**

Spiel System. Spieler listen ihre Gegenstände auf Handelswebsites auf oder verhandeln über die **soziale Schnittstelle.**

Herstellung und Modifizierung von Ausrüstung durch Handel

Das Herstellen Ihrer Ausrüstung erfordert die Verwendung **Währungsposten** um Ihre Ausrüstung zu modifizieren, zu verbessern und zu perfektionieren. Das Crafting-System ermöglicht es Spielern, Ausrüstung zu erhalten **hochwertige Mods, einzigartige Statistiken,** Und **Steckdosen** die perfekt zu ihrem Körperbau passen.

- **Kauf und Verkauf von Ausrüstung**: Spieler nutzen oft das Handelssystem zum Einkaufen **aufgewertet** oder **Unikate** von anderen Spielern. Sie können verwenden **Währung** gegen bestimmtes handeln **Waffen, Rüstung,** oder **Zubehör** die Ihren Build ergänzen.

- **Herstellungsausrüstung mit Währung**: Spieler können mächtige Gegenstände herstellen **das Handelssystem nutzen** um seltene Währung oder Handwerksmaterialien zu erwerben, wie z **Fossilien, Essenzen,** Und **Juwelen.** Mit diesen Materialien können Sie Ihre Ausrüstung modifizieren **Affixe** Und **Attribute** passend zu Ihren Bedürfnissen.

Maximieren Sie Ihr Handelspotenzial

- **Marktforschung**: Überprüfen Sie regelmäßig den Handelsmarkt, um den Wert bestimmter Artikel zu ermitteln, z **seltene Gegenstände auf hohem Niveau** oder **spezielle Bastelmaterialien.** Wissen, wann **kaufen** Und **verkaufen** ermöglicht es Ihnen, Ihre Gewinne zu maximieren und die beste Ausrüstung zu erwerben.

- **Verhandlung**: Handel beinhaltet **Verhandlung**. Stellen Sie sicher, dass Sie es tun **Bepreisen Sie Ihre Artikel fair**, und versuchen Sie es beim Kauf **verhandeln** der Preis seltener Gegenstände. Trading ist eine Kunstform, die erfordert **Geduld, Wissen, Und Marktbewusstsein**.

Community-Events, Updates und was als Nächstes kommt

Der *Path of Exile 2* Die Community ist riesig und die Entwickler des Spiels engagieren sich kontinuierlich mit den Spielern **Ereignisse, Patch-Updates, Und Erweiterungen**. Die Teilnahme an der Community und das Bleiben über die neuesten Updates können Ihr Spielerlebnis erheblich verbessern.

Gemeinschaftsveranstaltungen

Path of Exile 2 regelmäßig Gastgeber **saisonale Veranstaltungen Und Herausforderungen**, sodass Spieler um exklusive Belohnungen konkurrieren können, **Kosmetikartikel, Und hochwertige Währung**. Diese Events fördern das Gemeinschaftsgefühl und ermöglichen es den Spielern, ihre Builds in einzigartigen Szenarien zu testen.

- **Saisonale Ligen**: Jede Jahreszeit bringt neue Herausforderungen und **Ligamechaniker** die sich darauf auswirken, wie die Spieler im Spiel vorankommen. Spieler können **neu anfangen** in jeder Liga und verdienen **exklusive Belohnungen**.

- **In-Game-Events**: Vorübergehend **In-Game-Events**, wie zum Beispiel **Feste** oder **thematische Herausforderungen**, halten Sie die Community auf dem Laufenden **besondere Inhalte** oder **Chefs** dieser Tropfen **exklusive Belohnungen**.

Patch-Updates und Erweiterungen

Die Entwickler des Spiels veröffentlichen häufig **Patch-Updates** das vorstellen **Gleichgewichtsänderungen, neue Inhalte, Verbesserungen der Lebensqualität,** Und **Fehlerbehebungen.** Diese Updates stellen sicher, dass das Spiel für die Spieler frisch, fair und spannend bleibt.

- **Erweiterungen**: Erweiterungen bringen neue Story-Inhalte, Mechaniken und Herausforderungen. Indem Sie über kommende Erweiterungen auf dem Laufenden bleiben, können Sie Ihren Charakteraufbau planen und sich sofort mit neuen Inhalten beschäftigen.

Was als nächstes kommt

Als *Path of Exile 2* entwickelt sich weiter, die Spieler können noch mehr erwarten **Kapitel der Geschichte, neue Chefs,** Und **verbesserte Mechanik** die die Tiefe des Spiels noch weiter erhöhen. Behalten Sie immer die offiziellen Foren des Spiels im Auge. **Entwickler-Livestreams,** Und **Community-Diskussionen** um darüber informiert zu bleiben, was als Nächstes kommt und wie sich dies auf Ihr Spielerlebnis auswirken wird.

Path of Exile 2 ist ein immersives Spiel, das davon lebt **Multiplayer-Interaktionen, robuste Handelswirtschaft,** Und **aktives gesellschaftliches Engagement.** Egal, ob Sie Gruppen zum kooperativen Spielen beitreten, im PvP antreten, gegen die beste Ausrüstung tauschen oder an Community-Events teilnehmen, diese Aspekte des Spiels tragen zu einem dynamischen und lohnenden Erlebnis bei. Wenn Sie verstehen, wie Sie diese Systeme optimal nutzen können, wird Ihre Reise durch Wraeclast spannend und erfüllend bleiben.

KAPITEL 12

SAISONALE INHALTE UND LIGEN

In *Path of Exile 2: Dawn of the Hunt*Saisonale Inhalte und Ligen stellen einen spannenden Aspekt des Spiels dar, der neue Mechaniken, neue Herausforderungen und zeitlich begrenzte Belohnungen einführt. Alle paar Monate, *Path of Exile 2* startet ein neues **Liga**Dies bietet sowohl erfahrenen Spielern als auch Neulingen die Möglichkeit, neu anzufangen, neue Funktionen zu erkunden und einzigartige Belohnungen zu erhalten. Saisonale Inhalte verleihen dem Spiel neues Leben und fördern ein Gefühl der Dringlichkeit und Spannung, das die Community fesselt. In diesem Abschnitt erfahren Sie, was Ligen sind, wie sie funktionieren, wie Sie in einer neuen Liga neu starten, welche saisonalen Herausforderungen und Belohnungen sie bieten und wie Sie Ihren Erfolg bei diesen zeitlich begrenzten Events maximieren.

Was sind Ligen und wie funktionieren sie?

Ligen in *Path of Exile 2* sind temporäre Spielmodi, die in regelmäßigen Abständen eingeführt werden und jeweils eine einzigartige Herausforderung oder Funktion in das Spiel bringen. Spieler beginnen diese Ligen mit a **Neuanfang**, was bedeutet, dass sie ihre Charaktere aufleveln, die Geschichte abschließen und den Atlas von Grund auf durcharbeiten müssen – ohne sich auf die Ressourcen, Beute oder Gegenstände verlassen zu müssen, die sie in früheren Ligen angesammelt haben. Ligen sind darauf ausgelegt, etwas zu bieten **einzigartige Spielmechanik**, wodurch sie sich vom Standardspielmodus unterscheiden.

Das Konzept der Ligen

Jede **Liga** ist wie eine eigene Mini-Erweiterung, die zwischen drei und vier Monaten dauert. Sie konzentrieren sich auf bestimmte Themen, Herausforderungen oder Mechanismen **Gameplay verändern** oder **neue Inhalte vorstellen** zum Spiel. Ligen sind der primäre Weg *Path of Exile 2* stellt neue Funktionen, Mechaniken und experimentelle Ideen vor.

Ligen umfassen häufig die folgenden Elemente:

- **Neue Mechanik**: Jede Liga führt eine neue Mechanik ein, z **Ernte**, **Delirium**, oder **Ritual**. Diese Mechaniken können sich erheblich auf das Gameplay auswirken und sich auf die Art und Weise auswirken, wie Spieler sich der Kartenbewältigung, Bosskämpfen oder dem Fortschritt nähern.

- **Einzigartiger Inhalt**: Ligen verfügen oft über einzigartige Inhalte, darunter **besondere Begegnungen**, **Chefs**, Und **Herausforderungen** die im Standardspielmodus nicht zu finden sind. Diese Funktionen bieten den Spielern ein frisches Erlebnis.

- **Zeitlich begrenzte Natur**: Da Ligen zeitlich begrenzt sind, ermutigen sie die Spieler, sich auf ein neues Erlebnis zu konzentrieren und nach ligaspezifischen Zielen und Belohnungen zu streben. Dadurch entsteht ein Gefühl von **Dringlichkeit** Und **Wettbewerb** innerhalb der Spielerbasis.

Wie sich Ligen auf das Gameplay auswirken

Der Einfluss einer Liga auf Ihr Gameplay kann erheblich sein. Jede Liga verändert das Spiel auf irgendeine Weise, je nach Art **Beute** Sie beeinflussen das Verhalten bestimmter Feinde. Zum Beispiel:

- **Ernteliga** Einführung einer Landwirtschaftsmechanik, die es den Spielern ermöglicht, mithilfe von Pflanzen und Samen mächtige Gegenstände anzubauen und herzustellen.

- **Delirium-Liga** Es wurde eine neue Mechanik hinzugefügt, bei der Spieler tiefer in das Spiel vordringen mussten **Delirium** Nebel und stellen Sie sich immer schwierigeren Feinden, um größere Belohnungen zu erhalten.

- **Ritualliga** boten die Möglichkeit, Tribute anzubieten und die Belohnungen zu erhöhen, indem Feinde in speziellen Ritualaltären geopfert wurden.

Ligen sind im Allgemeinen so strukturiert, dass sie beides bieten **kurzfristige Aufregung** Und **langfristige Ziele**, wie z. B. Abschließen **Herausforderungen**, Leveln neuer Charaktere und Erwerben **exklusive Belohnungen** Dies kann nur innerhalb der Laufzeit dieser Liga erreicht werden.

Neuanfang in einer neuen Liga

Ein Neuanfang in einer neuen Liga bietet eine spannende Erfahrungsmöglichkeit *Path of Exile 2* von Anfang an, ohne den Vorteil von Gegenständen oder Währungen aus früheren Ligen. Das Erlebnis ist zwar erfahrenen Spielern vertraut, bietet aber auch Vorteile **neue Herausforderungen** aufgrund der veränderten Mechanik der Liga.

Wenn eine neue Liga beginnt, erhalten alle Spieler eine **Charakter der Stufe 1** um durch die zu kommen **Haupthandlung**, begegnen Sie neuen ligaspezifischen Herausforderungen und nehmen Sie die eingeführten Ligamechaniken in Angriff. Die ersten Schritte in einer neuen Liga ähneln dem ersten Spielstart, allerdings mit der zusätzlichen Spannung **Erkundung neuer Inhalte** und Anpassung an neue Mechaniken.

Neuanfang in einer neuen Liga

Der Neuanfang in einer neuen Liga kann eine aufregende Erfahrung sein, erfordert aber auch eine durchdachte Planung und Strategie, um Ihre Zeit und Ressourcen optimal zu nutzen. Hier ist eine Aufschlüsselung dessen, was Sie wissen müssen, wenn Sie sich auf den Einstieg in eine neue Liga vorbereiten.

Auswahl der richtigen Klasse und des richtigen Builds

Jede Liga bringt einzigartige Herausforderungen mit sich, die möglicherweise spezielle Builds oder Ansätze erfordern, um den Erfolg zu maximieren. Während **die von Ihnen gewählte Klasse** hängt von Ihrem bevorzugten Spielstil ab (Nahkampf, Fernkampf, Zauberer usw.), die neue Ligamechanik bestimmt oft die effektivste Herangehensweise an das Spiel.

- **Klassenauswahl**: Einige Klassen harmonieren möglicherweise besser mit der Ligamechanik. Wenn die Liga beispielsweise mächtige Elementarmodifikatoren einführt, spielt man als **Hexe** oder **Elementarmagier** kann Ihnen einen erheblichen Vorteil verschaffen.

- **Bauplanung**: Nehmen Sie sich Zeit und überlegen Sie, wie es Ihnen geht **passiver Baum**, **Fertigkeitsedelsteine**, Und **Unterstützen Sie Edelsteine** zusammenarbeiten. Wenn beispielsweise eine neue Liga leistungsstarke Handwerksmechaniken einführt, konzentrieren Sie sich auf Ausrüstung, die mit diesen Mechaniken leicht verbessert werden kann.

Abschluss des frühen Spiels und der Storyline

In jeder Liga beginnt man neu, was bedeutet, dass man die Liga abschließen muss **Kerngeschichte** und wichtige Fortschrittssysteme freischalten, z **der Atlas der Welten**. Konzentrieren Sie sich darauf, die ersten Level so schnell wie möglich abzuschließen, und stellen Sie gleichzeitig sicher, dass Sie Ihren Charakter verbessern **wertvolle Beute sammeln**.

- **Suchen**: Befolgen Sie in der Anfangsphase die Quests der Hauptgeschichte, die Ihnen beim Freischalten helfen **Hauptmerkmale** wie die **Passiver Fähigkeitsbaum**, **Fertigkeitsedelsteine**, Und **Kartensystem**.

- **Ressourcen sammeln**: Achten Sie auf Neues **Ligaspezifische Ressourcen** die zum Herstellen oder Aufrüsten von Ausrüstung verwendet werden können. Diese Ressourcen dienen oft als Grundlage für ligaspezifische Fortschritte und Belohnungen.

Ligaspezifische Herausforderungen

Neue Ligen kommen mit **Herausforderungen** Entwickelt, um Spieler dazu zu drängen **Erkunden Sie bestimmte Mechaniken** oder **spezifische Ziele erfüllen**. Zu diesen Herausforderungen können gehören:

- **Besiege einzigartige Bosse** an das Thema der Liga gebunden.

- **Vervollständigung ligaspezifischer Mechaniken**, wie zum Beispiel das Herstellen von Gegenständen mit **Ligaspezifische Modifikatoren**.

- **Beute maximieren** durch Nutzung **neue Handwerkssysteme** oder in der Liga eingeführte Mechaniken.

Indem Sie diese Herausforderungen meistern, können Sie diese freischalten **exklusive Belohnungen** und sammeln Sie Erfahrung in der Mechanik der Liga, die Ihnen im Verlauf der Liga zugute kommen wird.

Saisonale Herausforderungen und Belohnungen

Saisonale Herausforderungen sind ein zentraler Bestandteil des Ligaerlebnisses. Diese Herausforderungen vermitteln nicht nur ein Erfolgserlebnis, sondern belohnen die Spieler auch damit **exklusive Artikel**, **Kosmetika**, Und **Währung**. Jede Liga stellt eine Reihe von Herausforderungen vor, die beiden gerecht werden **neue Spieler** Und **erfahrene Spieler**.

Was sind saisonale Herausforderungen?

Saisonale Herausforderungen sind Aufgaben, die Ihr Können, Ihre Anpassungsfähigkeit und Ihr Verständnis für die Mechanismen der Liga auf die Probe stellen sollen. Diese Herausforderungen umfassen oft ein breites Spektrum an Aktivitäten, von der einfachen Kartenvervollständigung bis hin zum Besiegen mächtiger Bosse, und erfordern manchmal, dass Spieler sie abschließen **komplexe Ziele** wie zum Beispiel:

- **Alle Karten in einer Stufe löschen.**

- **Besiege Spezialliga-Bosse.**

- **Herstellung hochwertiger Ausrüstung** verwenden **Ligamechaniker.**

Das Abschließen dieser Herausforderungen bringt Spielern Geld ein **Punkte**, mit dem Belohnungen freigeschaltet werden können wie:

- **Kosmetikartikel** wie **Häute, Fußabdrücke,** oder **Waffeneffekte.**

- **Besondere Beute,** einschließlich **einzigartige Bastelmaterialien, Währung,** oder **Werkzeuge** die dir helfen, in der Liga weiter voranzukommen.

Arten von Belohnungen

Die saisonalen Belohnungen variieren, umfassen jedoch im Allgemeinen:

- **Exklusive Kosmetik:** Dabei kann es sich um seltene und einzigartige Gegenstände handeln, beispielsweise um besondere Gegenstände **Waffen-Skins, Rüstungshäute, Charaktereffekte,** oder **Haustierfelle.**

- **Beuteverbesserungen:** Das Abschließen von Herausforderungen kann Spieler mit Währungsgegenständen wie belohnen **Erhabene Kugeln, Göttliche Kugeln,** oder **Fossilien,** die für das Endgame-Crafting von unschätzbarem Wert sind.

- **Titel und Erfolge:** Wenn ein Spieler Herausforderungen abschließt, kann er sich etwas Besonderes verdienen **Titel** oder **Erfolge** die ihre präsentieren **Ligafortschritt.** Diese Titel sind ein Ehrenzeichen und eine Möglichkeit, Ihren Erfolg zu zeigen.

Fortschritt verfolgen

Das Herausforderungssystem ist direkt in die Spieloberfläche integriert. Sie können Ihren Fortschritt über das verfolgen **Registerkarte „Herausforderung".,** wo Sie genau sehen können, welche Ziele erreicht sind und welche noch übrig sind. Einige Ligen bieten auch an **Bestenlisten** Hier werden die erfolgreichsten Spieler vorgestellt, was den Wettbewerb noch weiter fördert.

Maximieren Sie Ihren Erfolg bei zeitlich begrenzten Veranstaltungen

Zeitlich begrenzte Veranstaltungen, wie z **Saisonligen**, bieten einzigartige Möglichkeiten, sich zu übertreffen, aber Erfolg erfordert Vorbereitung, effiziente Landwirtschaft und einen sorgfältigen Umgang mit Ressourcen. Aufgrund der vorübergehenden Natur dieser Ereignisse zählt jede Entscheidung.

Priorisieren von Zielen

Bei der Teilnahme an einer Saisonliga ist die Zeit eine begrenzte Ressource. Um Ihren Erfolg zu maximieren, priorisieren Sie Ziele, die mit Ihren Zielen übereinstimmen. Konzentrieren Sie sich auf **Kernaktivitäten** wie zum Beispiel:

- **Liga-Mechaniken freischalten** Dies ermöglicht Ihnen, schnell mit der Arbeit an Ihren Ligazielen zu beginnen.

- **Schließe wichtige Bosskämpfe ab** zu verdienen **exklusive Beute** Und **Fortschritt** durch die Belohnungen der Liga.

Effiziente Landwirtschaft und Ressourcenmanagement

Effizienz ist bei zeitlich begrenzten Veranstaltungen von entscheidender Bedeutung. Planen Sie Ihre **Landwirtschaftsstrategie** um die Beute, die Sie erhalten, zu maximieren. Hier ein paar Tipps für den landwirtschaftlichen Erfolg:

- **Optimieren Sie Ihren Build für Geschwindigkeit**: Erstellen Sie einen Build, mit dem Sie Karten schnell und effizient löschen können. Konzentrieren Sie sich auf **Fähigkeiten im**

123

Bereich der Wirkung Und **Mobilität** um den Inhalt zu beschleunigen.

- **Nutzen Sie die Mechaniken der Liga zu Ihrem Vorteil**: Jede Liga führt eine neue Mechanik ein, z. B. Handwerk oder Ressourcensammeln. Nutzen Sie diese Systeme, um sich einen Vorteil in Ihrem Fortschritt zu verschaffen.

- **Währung und Handel**: Seien Sie klug beim Handel mit anderen Spielern. Wenn Sie hochstufige Beute farmen, sollten Sie über den Verkauf unerwünschter Gegenstände nachdenken **Währung** mit dem man kaufen kann **Endgame-Ausrüstung** oder **Währungsposten**.

Balance zwischen Erkundung und Fertigstellung

Saisonligen fördern oft beides **Erforschung** Und **Fertigstellung**. Um das Beste aus der Liga herauszuholen:

- **Entdecken Sie neue Mechaniken**: Nehmen Sie sich die Zeit, die neuen Funktionen der Liga zu erleben. Diese Erkundung liefert wertvolle Erfahrungen und hilft Ihnen zu lernen, wie Sie Ihren Build für die Herausforderungen der Liga optimieren können.

- **Erfüllen Sie wichtige Ziele**: Konzentrieren Sie sich beim Erkunden auch auf die Fertigstellung **saisonale Herausforderungen**. Wenn Sie Erkundung und Zielerreichung in Einklang bringen, erhalten Sie maximale Belohnungen und Anerkennung.

Mit der Community interagieren

Schließlich kann der Erfolg in Saisonligen dadurch gesteigert werden **gemeinschaftliches Engagement**. Verbinden **Foren**, **Discord-Server**, oder **Social-Media-Gruppen** um Tipps, Strategien und Handelsinformationen mit anderen Spielern auszutauschen. Community-gesteuerte Veranstaltungen und Diskussionen führen oft zu wertvollen Erkenntnissen und neuen Strategien, die Ihren Fortschritt beschleunigen können.

Indem Sie verstehen, wie Ligen funktionieren, sich auf Neuanfänge vorbereiten, Belohnungen durch saisonale Herausforderungen maximieren und Ihre Strategien optimieren, können Sie sicherstellen, dass Ihre Zeit bei jedem zeitlich begrenzten Event so lohnend wie möglich ist.

KAPITEL 13

ERFOLGE, HERAUSFORDERUNGEN UND COMPLETIONISTISCHE ZIELE

In *Path of Exile 2: Dawn of the Hunt*, das Streben nach **Erfolge**, **Herausforderungen**, Und **Vervollständigungsziele** ist ein entscheidender Teil des Erlebnisses für Spieler, die Spaß daran haben, jeden Aspekt des Spiels zu meistern. Ob es so ist **mächtige Bosse besiegen**, **schwierige Quests abschließen**, oder **seltene Belohnungen sammeln**Das Erreichen jedes Ziels im Spiel bietet ein Erfolgserlebnis und Anerkennung. In diesem Abschnitt erfahren Sie, wie Sie Ihre Erfolge verfolgen, welche Belohnungen mit dem Abschließen von Herausforderungen verbunden sind und wie Sie Endspiel-Abschlussziele festlegen und erreichen, die Sie noch lange nach Abschluss der Hauptgeschichte beschäftigen.

Verfolgen Sie Ihre Erfolge und Meilensteine

Die Verfolgung Ihrer Erfolge und Meilensteine ist ein wichtiger Aspekt des Fortschritts *Path of Exile 2: Dawn of the Hunt*, vor allem für diejenigen, die es wollen **Schließe jedes Ziel ab** im Spiel. Erfolge sind oft an wichtige Gameplay-Meilensteine gebunden, wie etwa das Besiegen bestimmter Bosse, das Abschließen bestimmter Kartenlevel oder das Freischalten mächtiger Gegenstände. Das Spiel bietet ein integriertes System zur Überwachung Ihres Fortschritts, sodass Sie sich auf Ihre Ziele konzentrieren können und gleichzeitig für jeden Schritt, den Sie unternehmen, belohnt werden.

Übersicht über das Leistungssystem

Der **Leistungssystem** In *Path of Exile 2* dient als Aufzeichnung Ihrer Erfolge im Spiel. Es beinhaltet **Erfolge im Spiel, Bestenlisten,** Und **Meilensteine** die deinen Fortschritt in verschiedenen Bereichen des Gameplays hervorheben. Dazu gehören:

- **Erfolge im Story-Fortschritt**: Das Abschließen wichtiger Story-Quests, das Besiegen von Bossen oder das Vorankommen in der Kampagne gewährt Erfolge.

- **Kampfmeilensteine**: Diese Erfolge verfolgen die Anzahl der Tötungen, den verursachten Schaden und die Art der besiegten Feinde, z. B. das Erreichen bestimmter Meilensteine für das Töten **Chefs** oder **Elite-Monster**.

- **Beutebezogene Erfolge**: Wenn du mächtige Gegenstände sammelst, schaltest du Erfolge im Zusammenhang mit dem Sammeln frei **einzigartige Ausrüstung, Währung,** oder **handgefertigte Gegenstände**.

- **Ligaspezifische Erfolge**: Jede Saisonliga führt ihre eigenen Erfolge ein, z. B. das Abschließen ligaspezifischer Aufgaben, das Besiegen von Ligabossen oder das Beherrschen der neuen Mechaniken, die in der Liga eingeführt wurden.

Verwendung der Achievement-Schnittstelle

Path of Exile 2 hat eine eigene **Leistungsschnittstelle** Hier können Sie alle Ihre Erfolge und Meilensteine verfolgen. Um darauf zuzugreifen, öffnen Sie einfach die **Quest-Registerkarte** im Hauptmenü. Folgendes finden Sie:

- **Vollständige Erfolgslisten**: Sie können die vollständige Liste der Erfolge in verschiedenen Kategorien anzeigen. Einige

Erfolge sind leicht zu erreichen, während andere langfristiges Engagement oder die Beherrschung komplexer Mechaniken erfordern.

- **Fortschrittsverfolgung**: Für jeden Erfolg sehen Sie einen Fortschrittsbalken oder Abschlussprozentsatz, der Sie darüber informiert, wie nah Sie dem Erreichen sind. Einige Erfolge sind an bestimmte Leistungen gebunden **Ziele** innerhalb einer Quest oder eines Bosskampfes.

- **Belohnungen und Anerkennung**: Erfolge gehen oft mit ein **kosmetische Belohnungen**, wie zum Beispiel **Titel, Häute,** Und **Artikel**. Durch das Erreichen wichtiger Meilensteine können möglicherweise besondere Leistungen freigeschaltet werden **Abzeichen** die in Ihrem Profil sichtbar sind.

Meilensteinverfolgung für Endspielziele

Endgame-Meilensteine sind für Spieler, die sie erreichen möchten, von entscheidender Bedeutung **Vervollständigungsziele**. Zu diesen Meilensteinen gehören in der Regel Aktivitäten wie:

- **Alle Regionen des Atlas freischalten.**

- **Uber-Bosse besiegen** und abschließend **Endspielkarten.**

- **Saisonale Herausforderungen meistern** und erwerben **hochwertige Prämien.**

Indem Sie Ihre Meilensteine regelmäßig überprüfen, können Sie die Bereiche des Spiels priorisieren, auf die Sie sich konzentrieren müssen, und sicherstellen, dass Sie auf dem richtigen Weg sind, Ihre Endspielziele zu erreichen.

Schließe Herausforderungen ab, um einzigartige Belohnungen zu erhalten

Herausforderungen in *Path of Exile 2* sind oft damit verbunden **Ligaspezifische Inhalte**, **Bossbegegnungen**, Und **komplexe Spielmechanik**. Das Abschließen von Herausforderungen vermittelt ein Erfolgserlebnis und belohnt Sie mit **exklusive Artikel**, **Währung**, Und **Kosmetika**. In diesem Abschnitt wird die Bedeutung von Herausforderungen im Spiel untersucht und wie man sie erfolgreich meistert.

Was sind Herausforderungen?

Herausforderungen sind besondere Aufgaben oder Ziele, die sich von der Hauptgeschichte oder den Hauptquests unterscheiden. Sie basieren oft auf bestimmten Aktionen oder Zielen, die Sie während Ihres Spieldurchgangs erfüllen müssen. Die Belohnungen für Herausforderungen sind oft daran gebunden **Liga-Belohnungen**, **Kosmetika**, Und **Endspielfortschritt**.

- **Ligaspezifische Herausforderungen**: Jede Saisonliga führt eine ein **Reihe von Herausforderungen** Entwickelt um die Kernmechanik der Liga herum. Zum Beispiel während der **Delirium-Liga**, Spieler mussten Karten räumen, während sie sich mit den Auswirkungen des Nebels auseinandersetzen mussten **Chefs** Je tiefer Sie in die Materie eintauchen, desto schwieriger wird es **Delirium**.

- **Boss-Niederlagen**: Bei vielen Herausforderungen geht es darum, bestimmte Bosse zu besiegen, z **Endgame-Bosse** wie die **Former**, **Ältere**, Und **Maven**. Diese Bosse lassen hochstufige Beute fallen und dienen als Meilensteine bei der Fertigstellung von **Herausforderungen im Zusammenhang mit dem Chef**.

- **Herausforderungen beim Herstellen und Plündern**: Andere Herausforderungen beinhalten **Herstellung bestimmter Gegenstände**, erreichen **Beutebezogene Leistungen**, oder sammeln **seltene Gegenstände**. Beispielsweise müssen Sie möglicherweise einen Gegenstand herstellen **spezifische Mods** oder sammeln **Unikate** von Bossen fallen gelassen.

Wie man Herausforderungen meistern kann

Um Herausforderungen erfolgreich zu meistern, benötigen Sie eine Kombination aus strategischer Planung, Ressourcenmanagement und Kenntnissen der Spielmechanik. Hier sind ein paar Strategien:

- **Konzentrieren Sie sich auf die Mechanik der Liga**: Jede Liga führt einen neuen Mechaniker ein. Zum Beispiel in der **Heist-Liga**, Spieler wurden mit der Fertigstellung beauftragt **Raubüberfall-Missionen**, bei dem es darum ging, sich an Feinden vorbeizuschleichen und Ziele zu erreichen. Nehmen Sie sich die Zeit, die Mechanismen jeder Liga zu meistern und die damit verbundenen Herausforderungen zu meistern.

- **Priorisieren Sie hochwertige Prämien**: Konzentrieren Sie sich auf Herausforderungen, die hohe Belohnungen bringen, wie z **exklusive Kosmetik**, **Währung**, Und **Ausrüstungs-Upgrades**. Das Abschließen der schwierigsten Herausforderungen wird Sie oft belohnen **prestigeträchtige Titel** oder **einzigartige Belohnungen** das kann im Spiel gezeigt werden.

- **Multitasking-Herausforderungen**: Einige Herausforderungen können abgeschlossen werden, während Sie an anderen Aspekten des Spiels arbeiten, z **Bosskämpfe** oder **Kartenvervollständigung**. Indem Sie mehrere Ziele gleichzeitig angehen, können Sie Ihre Effizienz und Ihren Fortschritt maximieren.

Saisonale und Endgame-Herausforderungen

Viele Spieler konzentrieren sich auf das **saisonale Herausforderungen** jeder Liga. Diese Herausforderungen sind typischerweise **zeitlich begrenzt**Daher vermittelt die Fertigstellung vor Ende der Liga ein Gefühl der Dringlichkeit. Endspielherausforderungen hängen oft mit dem Besiegen zusammen **Uber-Bosse** und abschließend **High-Tier-Karten**, und sind oft schwieriger, bieten aber auch die höchsten Belohnungen.

Endgame Completionist-Ziele: Was ist es wert, erreicht zu werden?

Für Spieler, die nach Meister streben *Path of Exile 2: Dawn of the Hunt* vollständig, **Vervollständigungsziele** sind ein wichtiger Teil des Spiels. Zu diesen Zielen gehört es, jeden Aspekt des Spiels abzuschließen, von Story-Quests bis hin zu Endgame-Aktivitäten, und alle möglichen Meilensteine, Erfolge und Herausforderungen zu erreichen.

Wichtige Ziele der Vervollständigung

Die vervollständigende Reise in *Path of Exile 2* umfasst zahlreiche **Ziele** die die Beherrschung aller Spielmechaniken erfordern. Hier sind einige der gefragtesten **Endspielziele**:

- **Jeden Boss besiegen**: Eine der ultimativen Vervollständigungsleistungen besteht darin, alle zu besiegen **Endgame-Bosse**, einschließlich der **Uber-Bosse**. Dazu gehört **Former**, **Ältere**, **Maven**, **Sirus**, und andere. Jeder Sieg schaltet einzigartige Belohnungen frei und ist ein wichtiger

Meilenstein.

- **Maximierung des Atlas**: Abschluss **alle Kartenebenen** und vollständig entsperren **Atlas der Welten** ist ein wichtiger Teil des Vervollständigungspfades. Dies beinhaltet **Jede Region freischalten**, besiegen **Atlas-Bosse**, und alles verdienen **Passive Punkte des Atlas**.

- **Beherrsche jede Mechanik der Liga**: Die Beherrschung aller ligaspezifischen Mechaniken ist von entscheidender Bedeutung. Jede Liga führt einzigartige Spielmechaniken ein, die die Spieler verstehen und meistern müssen, um einen vollständigen Erfolg zu erzielen. Das Abschließen von Herausforderungen und das Sammeln der besten Beute dieser Mechaniken wertet Ihren Fortschritt erheblich auf.

- **Die perfekte Ausrüstung bauen**: Das herstellen oder finden **bestmögliche Ausrüstung** für deinen Charakter, einschließlich **Unikate, High-Tier-Mods**, Und **Endgame-Handwerksmaterialien**ist ein wesentlicher Bestandteil des Vervollständigungsziels.

Warum Vervollständigungsziele wichtig sind

Vervollständigungsziele sind der ultimative Test für das Wissen und die Hingabe eines Spielers. Sie ermöglichen Ihnen:

- **Erlebe das komplette Spiel**: Das Erreichen des Vervollständigungsstatus bedeutet, dass Sie wirklich alles erlebt haben, was das Spiel zu bieten hat. Sie haben jeden Inhalt gesehen, von der **Kerngeschichte** zum **schwierigster Endgame-Inhalt**.

- **Verdienen Sie Anerkennung**: Das Abschließen aller wichtigen Herausforderungen, Erfolge und Meilensteine gibt Ihnen **Prestige** innerhalb der Spielergemeinschaft. Sie werden in der Lage sein, Ihre zu zeigen **Titel Und Belohnungen** als Beweis für Ihre Leistungen.

- **Schalte die besten Belohnungen frei**: Als Vervollständiger verdienen Sie **exklusive Belohnungen** wie **Kosmetika, Währung,** Und **Unikate** die zum Basteln oder Handeln verwendet werden können.

Ein Leitfaden zum Sammeln aller Belohnungen

Sammeln Sie jede Belohnung ein *Path of Exile 2: Dawn of the Hunt* Es geht darum, sich auf beides zu konzentrieren **Leistungsabschlüsse** Und **Meilensteine herausfordern.** Aus **kosmetische Belohnungen** Zu **exklusive Artikel**Das Spiel bietet zahlreiche Anreize, Ihre Reise abzuschließen.

Das Belohnungssystem verstehen

Path of Exile 2 bietet eine Vielzahl von Belohnungen, die jeweils an etwas anderes gebunden sind **Erfolge, Herausforderungen,** Und **Vervollständigungsziele.** Zu diesen Belohnungen können gehören:

- **Kosmetikartikel**: Skins, Waffeneffekte, **Haustierfelle,** Und **Flair** gehören zu den häufigsten Belohnungen für das Abschließen von Erfolgen und Herausforderungen.
- **Exklusive Ausrüstung**: Einige Erfolge und Herausforderungen belohnen Sie mit seltenen oder **Unikate** die Ihren Build verbessern oder gegen einen hohen Wert eingetauscht werden können.

- **Titel und Prestige**: Titel, die Ihre Erfolge im Spiel widerspiegeln, werden oft an Spieler verliehen, die bestimmte Meilensteine erreicht haben. Diese Titel verleihen Ihrem Gameplay eine Ebene der Wiedererkennung.

Belohnungen verfolgen

Um alle Belohnungen zu erhalten, ist es wichtig, Ihren Fortschritt mithilfe des zu verfolgen **Leistungsschnittstelle**. Dieses Tool bietet eine Aufschlüsselung aller verfügbaren Belohnungen und der Herausforderungen, die erforderlich sind, um sie zu erhalten.

- **Nach Kategorie organisieren**: Verwenden Sie die Registerkarte „Erfolg", um nach Kategorien zu sortieren, z **Boss tötet, Kartenvervollständigungen**, oder **ligaspezifische Ziele**, um besser nachverfolgen zu können, was Sie noch erledigen müssen.

- **Konzentrieren Sie sich auf schwierige Ziele**: Einige der seltensten und prestigeträchtigsten Belohnungen erhält man durch das Abschließen der schwierigsten Herausforderungen, wie z **Uber-Bosse** oder **Maximieren Sie Ihren Atlas**. Priorisieren Sie diese hochwertigen Ziele, um Ihr Belohnungspotenzial zu maximieren.

Teilnahme an Community-Events

Teilnahme an **Gemeinschaftsveranstaltungen** Und **Saisonligen** ist auch eine wichtige Möglichkeit, jede Belohnung zu sammeln. Bei Events gibt es oft exklusive Belohnungen, die anderswo im Spiel nicht verfügbar sind. Nehmen Sie unbedingt Kontakt mit uns auf **zeitlich begrenzte Inhalte** um einzigartige Preise und Erfolge zu verdienen, die zu Ihren Vervollständigungszielen beitragen.

Verfolgung von Erfolgen, Herausforderungen und Vervollständigungszielen in *Path of Exile 2* bietet ein lohnendes Erlebnis, das Sie dazu drängt, jede Ecke des Spiels zu erkunden. Egal, ob Sie Liga-Herausforderungen meistern, Bosskämpfe meistern oder alle Gegenstände und Kosmetika sammeln, diese Ziele vermitteln ein Gefühl von Sinn und Erfolg.

KAPITEL 14

ERWEITERTE TIPPS UND EXPERTENSTRATEGIEN

In *Path of Exile 2: Dawn of the Hunt*, werden Spieler ständig mit immer komplexeren Inhalten herausgefordert und müssen ihre Strategien verfeinern und ihre Builds optimieren. Um im Endspiel erfolgreich zu sein und zu meistern **fortgeschrittene Strategien** ist entscheidend. Egal, ob es darum geht, Ihren Schadensausstoß zu optimieren, die Boss-Mechanik zu verstehen, effizient Beute zu farmen oder das zu meistern **Atlas** Expertenstrategien können Ihr Spielerlebnis erheblich verbessern. In diesem Abschnitt werden einige der wichtigsten aufgeführt **Fortgeschrittene Tipps und Strategien** um Ihnen zu helfen, Ihren Erfolg bei den schwierigsten Inhalten zu maximieren *Path of Exile 2*.

Maximierung des DPS für Endgame-Inhalte

Der Schaden pro Sekunde (DPS) ist einer der kritischsten Faktoren *Path of Exile 2*, vor allem wenn es ums Anpacken geht **Endgame-Bosse** Und **High-Tier-Karten**. Die Maximierung Ihres Schadens pro Sekunde ist entscheidend, um mächtige Feinde schnell und effizient zu besiegen. In diesem Abschnitt erfahren Sie, wie Sie Ihren Build und Ihre Ausrüstung optimieren können, um den maximalen Schaden pro Sekunde zu erzielen – vom Verständnis der Schadensskalierung bis hin zur Sicherstellung, dass Ihr Build mit Ihrer Ausrüstung und Ihrem passiven Baum harmoniert.

DPS und Schadensskalierung verstehen

DPS stellt die Geschwindigkeit dar, mit der Sie im Laufe der Zeit Schaden verursachen, und die Maximierung dieses Schadens ist für das Überleben und Gedeihen im Endspiel von entscheidender Bedeutung. Bei der Erhöhung des Schadens pro Sekunde geht es jedoch nicht nur um die Steigerung des reinen Schadens; es geht um die Optimierung **Schadensskalierung** durch die richtige Kombination von **Attribute, Gang,** Und **Passive.**

- **Schadensarten**: Verschiedene Schadensarten (z. B. **körperlich, elementar, Chaos**) skalieren je nach **Attribute** deines Charakters. Abhängig von Ihrem Build müssen Sie sich auf die entsprechende Schadensskalierungsmechanik konzentrieren. Zum Beispiel, **körperlicher Schaden** profitiert davon **Stärke** und spezifische passive Fähigkeiten, während **Elementarschaden** erfordert eine Konzentration auf **Intelligenz** oder **Geschicklichkeit.**

- **Kritische Trefferchance**: Kritische Treffer sind für viele Builds ein wesentlicher Bestandteil der Maximierung des Schadens pro Sekunde. Erhöhen Sie Ihre **kritische Chance** Und **kritischer Multiplikator** erhöht Ihren Gesamtschaden exponentiell. Denken Sie jedoch daran, dass kritische Treffer oft mit gepaart werden **Angriffsgeschwindigkeit** Und **Schadensskalierung** um eine tödliche Kombination zu schaffen.

- **Schaden im Laufe der Zeit**: Für bestimmte Builds, z **Gift** oder **Verbrennung** baut, **Schäden im Laufe der Zeit** wird wichtiger als Explosionsschaden. Maximieren Sie dies, indem Sie sich darauf konzentrieren **Wirkungsbereich** (AoE)-Fähigkeiten, die anwendbar sind **Statuseffekte** über ein weites Gebiet.

Optimierung der Ausrüstung für maximale DPS

Die richtige Ausrüstung ist entscheidend, um erstklassige DPS zu erreichen. So optimieren Sie Ihre Ausrüstung:

- **Waffenwahl**: Waffen mögen **Bögen, Stäbe,** oder **zweihändige Schwerter** Skalieren Sie Ihren Schaden basierend auf ihnen **Basisstatistiken.** Konzentrieren Sie sich auf hoch **Schadenswürfe** Und **Affixe** die Ihre primäre Schadensart verbessern, egal, ob es so ist **körperlich, Feuer, kalt,** oder **Chaos.** Für **Zauberwirker,** priorisieren **hohe Wurfgeschwindigkeit** Und **Zauberschaden** Modifikatoren.
- **Unterstützen Sie Edelsteine**: Wählen Sie das Richtige **Unterstützen Sie Edelsteine** um Ihre Fähigkeiten zu verbessern. Zum Beispiel, **Feuerschaden hinzugefügt** oder **Pierce-Unterstützung** kann die Effektivität Ihrer Angriffsfähigkeiten erhöhen. Vergiss es nicht **Unterstützung für kritische Treffer** wie zum Beispiel **Erhöhter kritischer Schaden** oder **Unterstützung für kritische Trefferchance** für kritische basierte Builds.

- **Passiver Fähigkeitsbaum**: Der **Passiver Fähigkeitsbaum** ist eine wichtige Komponente Ihres DPS. Wählen **Schadensknoten** die zu Ihrem primären Fähigkeitstyp passen (z. B. **Projektilschaden, Elementarschaden**). Suchen **bemerkenswerte Knoten** das erhöht beides **Kritischer Treffer** Und **Schadensskalierung.** Wenn Sie eine ausführen **Schäden im Laufe der Zeit** Beim Erstellen berücksichtigen Sie Knoten, die zunehmen **Schäden im Laufe der Zeit** oder **Dauer des Statuseffekts.**

- **Flaschenmodifikatoren**: Unterschätzen Sie nicht die Macht von **Flaschen.** Zum Beispiel, **DPS-Flaschen** wie die **Quecksilberflasche** (für Geschwindigkeit) oder **Göttliches**

Lebensfläschchen mit **% erhöhter Schaden** kann Ihren effektiven Schaden pro Sekunde im Kampf erheblich steigern. Der **Rumis Gebräu** Kolben erhöht **kritische Trefferchance** Und **Verteidigung**, was sowohl Ihre Überlebensfähigkeit als auch Ihren DPS verbessern kann.

Verwalten von Buffs und Debuffs

Bei der Maximierung des DPS geht es nicht nur um reine Zahlen; Es geht auch darum, sicherzustellen, dass Ihr Charakter ständig unter Druck steht **Schadenssteigernde Buffs** und dass deine Feinde davon betroffen sind **Schwächungen**. Verwenden **Auren**, **Buff-Fähigkeiten**, Und **Schwächungen** um Ihre DPS-Leistung zu erhöhen.

- **Auren und Buffs**: **Wut** oder **Zorn** (für Elementar-Builds) kann erheblich gesteigert werden **Feuer** oder **Blitzschaden**. Ähnlich, **Herold der Asche** Fügt beim Töten mehr Elementarschaden hinzu, während **Fanatismus** erhöht sich **kritische Chance** Und **Schaden** für zauberbasierte Builds
- **Feindliche Debuffs**: Anwenden **Schwächungen** an deine Feinde, wie z **Verletzlichkeit** oder **Elementare Schwäche** Flüche. Dadurch wird der Widerstand Ihrer Feinde verringert, sodass Sie mehr Schaden verursachen können.

Boss-Mechaniken: Wie man jeden einzelnen angeht

Endgame-Inhalte in *Path of Exile 2* umfasst eine Vielzahl von **Chefs**, jede mit einzigartiger Mechanik, die einen maßgeschneiderten Ansatz erfordert. Wissen, wie es geht **Bewältige jeden Boss** kann effektiv den Unterschied zwischen Erfolg und Misserfolg ausmachen. In diesem Abschnitt werden die wichtigsten Mechanismen der anspruchsvollsten Bosse des Spiels beschrieben und Expertenstrategien für den Umgang mit ihnen bereitgestellt.

Vorbereitung auf Bosskämpfe

Stellen Sie sicher, dass Sie gut vorbereitet sind, bevor Sie in einen Bosskampf eintreten:

- **Flaschen**: Ausrüsten **Schadenssteigernde Flaschen** wie die **Granitflasche** für **Rüstung**, oder **Amethyst-Flasche** für **Chaoswiderstand**.

- **Fähigkeitswahl**: Stellen Sie sicher, dass Sie **Fertigkeitsedelsteine** sind optimiert für **Bossschaden**. Fähigkeiten wie **Stromsiphon**, **Feuerball**, Und **Zyklon** sind ideal für hohen Einzelzielschaden.

- **Minion-Unterstützung**: Minion-basierte Builds sollten dies haben **Fläschchen-Fans** Und **Unterstützen Sie Edelsteine** die die Überlebensfähigkeit und den Schaden der beschworenen Kreaturen erhöhen.

Wichtige Boss-Mechaniken und wie man damit umgeht

Jede **Endgame-Boss** verfügt über unterschiedliche Fähigkeiten, die unterschiedliche Taktiken erfordern. Hier ist eine Aufschlüsselung der Strategien für einige der schwierigsten:

- **Former**: Der Schöpfer kämpft in mehreren Phasen mit konstanter Geschwindigkeit **Teleportation** Und **Ladung**. Die Spieler müssen sich darauf konzentrieren **Ausweichen** Shaper ist mächtig **Laserstrahlen** unter Vermeidung der **Schergen** er spawnt. Die Positionierung ist entscheidend – bleiben Sie in Bewegung, um auszuweichen **Projektilschaden** Und **AoE-Angriffe**.

- **Ältere**: Der Kampf des Ältesten beinhaltet a **zweiphasig** System, mit **Umweltgefahren** Und **Ladung**. Die Spieler müssen sorgfältig vorgehen **Wo** Und **Bewegung** während des Kampfes. Behalte ihn im Auge **besondere Fähigkeit** laichen **Todeszonen von Projektilen** und sei bereit dazu **ausweichen** ihnen.

- **Maven**: Die Maven-Beschwörung **mehrere Bosse** und schafft eine Arena, die die Spieler zum Kämpfen zwingt **mehrere Schergen**. Wirksam **AoE-Fähigkeiten** Und **Einberufung** sind unerlässlich, um mit Mavens Schergen fertig zu werden und gleichzeitig auszuweichen **Todesstrahlen** Das kann den Spieler schnell überfordern.

- **Sirus**: Sirus verwendet **Mechanik im Delirium-Stil** die ein ständig wachsendes schaffen **Nebel** Und **Projektile** **beschwören**. Hoch verwenden **Mobilität** Projektilen auszuweichen und zu maximieren **Schadensverfügbarkeit** während Sirus **gefährdete Phasen** ist entscheidend.

Überlebensstrategie und DPS-Management

- **Ausweichen und Positionieren**: Um in diesen Boss-Begegnungen am Leben zu bleiben, bedarf es oft konstanter Anstrengung **Bewegung** Und **Ausweichmechanik**. Beobachten Sie die Angriffsanimationen des Bosses und positionieren Sie sich entsprechend.

- **Maximieren Sie Schwachstellenphasen**: Viele Chefs durchlaufen Phasen von **Verletzlichkeit**, beispielsweise wenn sie Diener beschwören oder Fähigkeiten mit hohem Schaden ausführen. Nutzen Sie diese Möglichkeiten, um sich zu entfalten **höchste DPS-Fähigkeiten** Und **Buffs**.

Effiziente Landwirtschafts- und Mahltipps

Eine effiziente Landwirtschaft ist entscheidend für die Maximierung der **Beute** Und **Währung** Sie verdienen beim Spielen *Path of Exile 2*. Wenn Sie wissen, welche Gebiete Sie bewirtschaften müssen, wie Sie Ressourcen verwalten und Karten schnell räumen, können Sie die Gegenstände sammeln, die Sie sowohl für den Fortschritt als auch für die Herstellung benötigen.

Fokussierte landwirtschaftliche Standorte

- **High-Tier-Karten**: Um die wertvollsten Belohnungen zu erhalten, konzentrieren Sie sich auf **höherstufige Karten**. Diese Karten bieten besseres **Beute fällt** und höhere Begegnungschancen **Chefs** die seltene Gegenstände fallen lassen. Konzentrieren Sie sich auf das Clearing **Karten der Stufen 10–15** für **hochwertige Handwerksmaterialien** Und **Währung**.

- **Boss-Farming**: Bestimmt **Chefs** fallen **einzigartige Beute**, und der wiederholte Anbau kann Ihnen hochwertige Belohnungen einbringen. Der **Former**, **Ältere**, Und **Maven** sind hochrangige Ziele.

Effiziente Map-Farming-Strategien

- **Schließe Speed-Builds ab**: Entscheiden Sie sich für **klare Geschwindigkeitsaufbauten** die Ihnen das Löschen ermöglichen **Mobs** schnell. Konzentrieren Sie sich auf **AoE-Schaden** Und **Bewegungsgeschwindigkeit** für schnelleres Löschen der Karte. Diese Builds sind ideal für das schnelle und effiziente Farmen von Karten niedrigerer Ebenen.

- **Beute-Drops maximieren**: Verwenden **Beuteverbessernde Modifikatoren** auf Ihren Karten zu erhöhen **Währungsverluste, seltene Gegenstände**, Und **Beute von Bossen**. **Magischer Fund** Builds können auch dazu beitragen, die Chancen auf seltene Beute zu erhöhen.

Währungszucht und -handel

- **Währungslandwirtschaft**: Verwenden Sie die **Währungsverluste** Von hochstufigen Karten bis hin zur Herstellung wertvoller Gegenstände, wie z **Erhabene Kugeln** oder **Göttliche Kugeln**, und tausche sie gegen hochwertige Beute.

- **Intelligenter Handel**: Verwenden **Handelswebsites** oder Handelssysteme im Spiel, um überschüssige Gegenstände zu verkaufen **Währung**. Zögern Sie nicht, hochwertige Artikel von anderen zu kaufen, wenn Sie über die nötige Währung verfügen.

Fortgeschrittene Atlas-Strategien: Jedes Geheimnis lüften

Beherrschen der **Atlas der Welten** ist für den Erfolg im Endspiel von entscheidender Bedeutung. Der Atlas bietet nicht nur Belohnungen und **Bossbegegnungen** sondern bietet auch eine große Auswahl an **Modifikatoren** Und **Kartenmechanik** die den Schwierigkeitsgrad und das Beutepotenzial erhöhen.

Atlas-Fortschritt und Passivpunkte

Schalte jede Region frei **Atlas** um Zugang zu Neuem zu erhalten **Chefs** Und **Herausforderungen**. Ausgeben **Passive Atlas-Punkte** strategisch, um Ihre zu verbessern **Beute fällt, Schwierigkeitsgrad** der Karte, Und **Boss-Belohnungen**. Zu den wertvollsten passiven Punkten gehören: **Erhöhte Boss-Drop-Raten** Und **Erhöht den Schwierigkeitsgrad Ihrer Karte**.

Das Endspiel freischalten

Das Endspiel **Atlas-Bosse**-einschließlich **Sirus**, **Ältere**, Und **Former**– Zum Freischalten sind bestimmte Fortschritte im Atlas erforderlich. Konzentrieren Sie sich darauf, diese Begegnungen abzuschließen und zu klären **beeinflusste Regionen** um Endgame-Bosse und Belohnungen freizuschalten.

Effizientes Kartenmanagement

Effizientes Management der **Atlas** beinhaltet die Konzentration auf **beeinflusste Regionen** Und **unter Verwendung von Kartenfragmenten** um den Schwierigkeitsgrad zu erhöhen und Belohnungen zu erbeuten. Einige Karten bieten **Synergien** zwischen verschiedenen **Einflüsse**, was bessere landwirtschaftliche Erträge ermöglicht.

KAPITEL 15

SPIEL-UPDATES UND WAS KOMMT NÄCHSTT

Path of Exile 2: Dawn of the Hunt ist ein sich weiterentwickelndes Spiel, das ständig neue Erkenntnisse erhält **Aktualisierungen, Patches,** Und **Erweiterungen** um das Erlebnis frisch und aufregend zu halten. Das Entwicklungsteam von Grinding Gear Games veröffentlicht regelmäßig **neue Inhalte, Gleichgewichtsänderungen,** Und **Verbesserungen der Lebensqualität** basierend auf Spieler-Feedback und internen Designzielen. In diesem Abschnitt geht es um die Zukunft des Spiels, Einblicke in die Community und Entwickler, wie sich Updates auf Ihre Strategie auswirken können und wie Sie über neue Funktionen und Erweiterungen auf dem Laufenden bleiben.

Die Zukunft von Path of Exile 2

Die Zukunft von *Path of Exile 2* ist voller Versprechen, mit spannenden Plänen für die Fortsetzung **Spielerweiterung, Feature-Ergänzungen,** Und **Verbesserungen.** Als *Path of Exile 2* in die laufende Entwicklungsphase eintritt, können sich die Spieler auf mehr freuen **dynamisches Gameplay, neue Handlungsstränge,** und mehr **komplexe Spielmechanik** Dadurch bleibt das Spiel für beide spannend **neue Spieler** Und **Veteranen.**

Kontinuierliche Inhaltsentwicklung

Path of Exile 2 war schon immer ein Spiel, das sich weiterentwickelt **Community-Feedback.** Das Entwicklungsteam veröffentlicht kontinuierlich **neue Inhalte** die Grenzen verschieben **Spielmechanik** und stellen neue Herausforderungen für die Community dar.

- **Neue Ligen und saisonale Inhalte**: Jede Saison führt neue Mechaniken ein, wobei neuere Ligen neue Funktionen bieten wie **Bergbau abbauen**, **Raubüberfall-Missionen**, Und **rituelle Opfer**. Erwarten Sie in Zukunft mehr **innovative saisonale Mechanik** Entwickelt, um die Art und Weise, wie Spieler sowohl an den Kampf als auch an die Beute herangehen, auf den Kopf zu stellen.

- **Endgame-Erweiterungen**: Das Spiel **Endgame-Inhalte** wird weiterhin mit Neuem expandieren **Chefs**, **Herausforderungen**, Und **Zonen** innerhalb des Atlas. Es besteht die Möglichkeit noch schwierigerer Begegnungen, die den Mut erfahrener Spieler auf die Probe stellen, zusammen mit besseren Fortschrittssystemen für **Kartenvervollständigung** Und **Boss-Farming**.

- **Neue Akt(e) und Story-Inhalte**: Angesichts dessen *Path of Exile 2* als Fortsetzung konzipiert wurde, können wir weitere erzählerische Erweiterungen erwarten, darunter neue Akte oder Kapitel, die die Geschichte erweitern. **Neue Quests**, **Chefs**, Und **Charaktere** kann zur Vertiefung eingeführt werden **Überlieferung** und die Erzählung frisch halten.

Technologische und Gameplay-Fortschritte

Eine der aufregenden Aussichten für *Path of Exile 2* ist es andauernd **technologische Entwicklung**. Wenn sich die Engines und Backend-Systeme des Spiels verbessern, können Sie mit Verbesserungen bei Leistung, Grafik und Reaktionsfähigkeit rechnen. Das Entwicklungsteam konzentriert sich wahrscheinlich auf Folgendes:

146

- **Verbesserungen der Game Engine**: Erwarten **Leistungsoptimierungen**, wie besser **Bildraten, Ladezeiten**und glatter **Multiplayer-Erlebnisse**. Diese Updates werden dafür sorgen *Path of Exile 2* läuft weiterhin effizient über verschiedene Hardwarekonfigurationen hinweg.

- **Verbesserungen der KI und des Bossverhaltens**: Zukünftige Inhalte könnten mehr beinhalten **intelligente KI** das passt sich der Taktik des Spielers an. Chefs haben vielleicht **komplexere Phasen**Dadurch müssen sich die Spieler spontan anpassen, was die Begegnungen noch dynamischer und herausfordernder macht.

Langfristige Pläne: Erweiterungen und große Updates

Ich schaue nach vorn, *Path of Exile 2* wird zweifellos erheblich erhalten **Erweiterungen** das wird die verschieben **Spielfortschritt**, hinzufügend **neue Systeme, Artikel**, und sogar **Mechanik** Das wird die Art und Weise verändern, wie die Spieler das Spiel erleben. Zu den langfristigen Möglichkeiten gehören:

- **Neue Charakterklassen bzw Unterklassen**: Zusätzliche Klassen oder Unterklassenoptionen könnten den Spielern mehr bieten **Vielfalt aufbauen** und zulassen **neue Synergien** und Spielstile. Dies könnte dem Spiel eine neue Ebene strategischer Tiefe verleihen.

- **Erweiterte Atlas- und Kartensysteme**: Der Atlas der Welten könnte sich weiterentwickeln und möglicherweise neue hinzufügen **Regionen** oder **Unterzonen** die beides bieten **höhere Belohnungen** Und **größere Schwierigkeit**.

- **Plattformübergreifendes Spielen**: Viele Spieler erwarten sehnsüchtig die Möglichkeit **plattformübergreifender**

Fortschritt oder **Crossplay**, sodass Freunde zusammen spielen können, unabhängig davon, ob sie sich auf dem PC, der Konsole oder einer anderen Plattform befinden.

Einblicke in die Community und Entwickler

Die Beziehung zwischen den Entwicklern von Grinding Gear Games und dem *Pfad des Exils* Die Community ist eine der treibenden Kräfte hinter dem Erfolg des Spiels. Regulär **Entwickler-Updates**, **Frage-und-Antwort-Runden**, Und **von der Gemeinschaft getragene Initiativen** sind ein wesentlicher Bestandteil der fortlaufenden Weiterentwicklung des Spiels.

In diesem Abschnitt wird untersucht, wie die Entwickler mit der Community interagieren und wie das Feedback der Spieler die Zukunft des Spiels beeinflusst.

Kommunikationskanäle für Entwickler

Grinding Gear Games unterhält mehrere Kommunikationskanäle, um Spieler über Updates auf dem Laufenden zu halten und Feedback zu sammeln:

- **Entwickler-Livestreams**: Die Entwickler hosten regelmäßig livestreams wo sie kommende Funktionen, Balanceänderungen und Patchnotizen vorstellen. Diese Streams umfassen oft **hinter den Kulissen** Einblicke in den Entwicklungsprozess und bieten Spielern die Möglichkeit, direkt Fragen an das Team zu stellen.

- **Offizielle Foren und soziale Medien**: Der *Pfad des Exils* Community-Foren sowie Social-Media-Plattformen wie **Twitter** Und **Reddit**sind wichtige Orte, an denen Entwickler und Spieler interagieren. Feedback aus der Community führt oft zu wichtigen **Spieländerungen**, wie zum Beispiel Balancing-Anpassungen oder das Hinzufügen neuer Funktionen.

- **Betatests und Feedback**: Bevor größere Updates oder Erweiterungen eingeführt werden, *Path of Exile 2* oft Gastgeber **öffentliche Betatests** oder **Fokusgruppentests**. Spieler können an diesen Tests teilnehmen, um ihr Feedback zu neuen Mechaniken abzugeben, Fehler zu identifizieren und das Endprodukt mitzugestalten.

Von der Community vorangetriebene Änderungen

Der *Pfad des Exils* Die Community ist eine der leidenschaftlichsten und engagiertesten im Gaming-Bereich und ihr Einfluss auf die Entwicklung des Spiels ist unbestreitbar. Einige der bedeutendsten Änderungen an *Path of Exile 2* wurden direkt durch das Feedback der Spieler beeinflusst:

- **Balance-Änderungen**: Ob es so ist **Nerfing** übermächtige Builds bzw **Polieren** Da die Mechaniken nicht ausreichend genutzt werden, hören die Entwickler aktiv auf das Feedback der Community und gleichen das Spiel entsprechend aus.

- **Verbesserungen der Lebensqualität (QoL).**: Das Spiel wurde zahlreichen Updates unterzogen, auf die man sich konzentrieren konnte **Verbesserung der Benutzererfahrung**. Zum Beispiel besser **UI/UX-Verbesserungen**, **Bestandsverwaltung**und schlanker **Beutefilterung** Alle Optionen waren direkte Reaktionen auf das Feedback der Community.

Einblicke in die Zukunft der Entwickler

Als *Path of Exile 2* Da sich das Spiel weiterentwickelt, können die Spieler mit ausführlicheren Entwicklerdiskussionen rechnen **Spielrichtung,** **Gleichgewichtsänderungen,** Und **Funktionsprioritäten.** Interaktion mit den Entwicklern durch ihre **Entwicklerblogs** Und **Gemeinschaftsveranstaltungen** gibt den Spielern ein Gefühl der Entscheidungsfreiheit bei der Gestaltung der Zukunft des Spiels und stellt sicher, dass es auch in den kommenden Jahren Spaß macht.

Wie sich Updates auf Ihre Strategie auswirken

Mit jedem Spiel-Update oder jeder Erweiterung wird das Metaspiel von *Path of Exile 2* entwickelt sich. Ob es ein ist **neue Liga**, **Gleichgewichtsänderungen**, oder die Einführung von **neue Mechanik**, Updates zwingen Spieler dazu, ihre anzupassen **Strategien**, **baut**, und sogar **Spielstile** konkurrenzfähig zu bleiben. Wenn Sie verstehen, wie sich Updates auf Ihre Strategie auswirken, bleiben Sie immer einen Schritt voraus und können Ihr Gameplay optimieren.

Die Auswirkungen von Balanceänderungen

- **Build-Anpassungen:** Jeder Patch wird mitgeliefert **Gleichgewichtsänderungen** das kann **polieren** oder **Nerf** bestimmte Fertigkeiten, Gegenstände oder Fähigkeiten. Spieler müssen es oft tun **bzw** ihre Builds bzw **neu optimieren** ihre Fähigkeitsbäume basierend auf diesen Änderungen. Dies kann Auswirkungen haben **DPS**, **Überlebensfähigkeit**, Und **Ressourcenmanagement**.

- **Meta-Verschiebungen**: Neue Balanceänderungen können zu Verschiebungen in der führen **Meta**, bei dem zuvor dominante

Builds durch neu verbesserte Builds ersetzt werden. Wenn Sie diese Veränderungen im Auge behalten und Ihren Spielstil entsprechend anpassen, bleiben Sie in beiden Bereichen konkurrenzfähig **Solo-Inhalte** Und **Mehrspieler**.

Neue Mechaniken und Systeme

Jeder neu **Liga** oder **Erweiterung** stellt vor **neue Mechanik** die Spieler dazu zwingen, ihre Strategien anzupassen:

- **Ligaspezifische Mechaniken**: Ligen vorstellen **neue Systeme** oder **Gameplay-Modifikatoren** die neue Strategien erfordern. Zum Beispiel in der **Heist-Liga**, Spieler mussten planen und ausführen **Raubüberfall-Missionen**Dies erfordert eine sorgfältige Vorbereitung und ein sorgfältiges Risikomanagement.

- **Neue Boss-Begegnungen**: Möglicherweise werden Updates eingeführt **neue Endgame-Bosse** oder **komplexe Begegnungen im Raid-Stil** die eine strategische Koordination erfordern. Zum Beispiel, wenn ein neuer Chef Mechanik stellt vor **Umweltgefahren** oder **Mehrphasenkämpfe**, Spieler müssen sich anpassen **ihr Ausweichen verbessern** oder **Ressourcenmanagement**.

Anpassung an Metaänderungen

- **Getriebeoptimierung**: Mit jedem Update kann sich die beste Ausrüstung ändern. Bestimmt **Rollen aufkleben** kann abhängig von den Änderungen an der Spielmechanik oder der Schadensskalierung mehr oder weniger nützlich sein. Spieler müssen möglicherweise ihre Werte anpassen **Herstellung von Ausrüstung** oder **Artikelhandel** Strategien zur Maximierung der Effektivität ihres Builds.

- **Ressourcenzuteilung**: Wenn ein Update neue einführt **Währung** oder **Bastelmaterialien**müssen die Spieler ihr Ressourcenmanagement anpassen, um von diesen Änderungen zu profitieren. Dies könnte bedeuten, den Fokus zu verlagern **neue Handwerkssysteme** oder bestimmte Prioritäten setzen **Ressourcenlandwirtschaft** Methoden.

Bleiben Sie über neue Funktionen und Erweiterungen auf dem Laufenden

Um wettbewerbsfähig zu bleiben *Path of Exile 2*, es ist wichtig, mit dem Schritt zu bleiben **neue Funktionen, Erweiterungen**, Und **Aktualisierung**. Dadurch können Spieler ihre Strategien anpassen, ihre Builds entsprechend planen und sich voll und ganz auf die sich entwickelnde Spielwelt einlassen.

Bleiben Sie informiert

- **Entwickler-Livestreams**: Schalten Sie ein **Entwickler-Streams** Hier werden neue Inhalte vorgestellt und zukünftige Updates besprochen. Diese Streams bieten exklusive Vorschauen auf kommende Funktionen, Mechaniken usw **Gleichgewichtsänderungen**.

- **Patchnotizen**: Immer lesen **Patchnotizen** mit jedem neuen Update. Sie informieren ausführlich über **Gleichgewichtsänderungen, Fehlerbehebungen**, Und **neue Funktionen**. Wenn Sie darüber informiert bleiben, was sich im Spiel ändert, können Sie Ihre nächsten Schritte planen.

Beteiligung der Gemeinschaft

Beteiligen Sie sich an der **Gemeinschaft** um mehr über neue Strategien, bevorstehende Updates und neue Inhalte zu erfahren.

Mitmachen **Diskussionen** in Foren, **Reddit**, Und **Social-Media-Gruppen** um Tipps auszutauschen und über die neuesten Trends im Spiel auf dem Laufenden zu bleiben.

Vorbereitung auf Erweiterungen

Erweiterungen werden häufig eingeführt **neue Acts, Fähigkeiten,** Und **Mechanik** die die Dynamik des Spiels erheblich verändern. Bereiten Sie sich darauf vor **neue Inhalte** indem Sie kommende Features recherchieren und ansehen **Vorschau von Videos**, und experimentieren mit **baut** das kann von neuen Mechaniken profitieren.

Immer einen Schritt voraus sein *Path of Exile 2* erfordert **Anpassungsfähigkeit** Und **strategisches Denken**. Indem wir mithalten **Spiel-Updates**, **Community-Feedback**, Und **Entwicklereinblicke**stellen Sie sicher, dass sich Ihre Strategien, Builds und Ihr Spielstil im Laufe des Spiels weiterentwickeln, damit Sie Spaß daran haben **laufende Reise** in Wraeclast in vollen Zügen genießen.

ABSCHLUSS

Path of Exile 2: Dawn of the Hunt bietet eine aufregende, sich ständig weiterentwickelnde Reise, die die Spieler auf Schritt und Tritt herausfordert. Mit seiner reichhaltigen Hintergrundgeschichte, der komplizierten Mechanik und den umfangreichen Anpassungsmöglichkeiten bleibt es eines der lohnendsten Action-Rollenspiele auf dem Markt. Egal, ob Sie ein erfahrener Veteran oder ein Neuling sind, das Spiel bietet endlose Möglichkeiten, seine komplexen Systeme zu meistern, mit der Community in Kontakt zu treten und Ihren Weg zum Erfolg zu finden. In diesem letzten Abschnitt werden wir über die wichtigsten Erkenntnisse des Spiels nachdenken, neue Spieler ermutigen und einen Blick auf zukünftige Updates werfen, die die Welt von Wraeclast weiterhin prägen werden.

Letzte Gedanken zu Path Of Exile 2: Dawn Of The Hunt

Path of Exile 2: Dawn of the Hunt ist ein Beweis für die anhaltende Anziehungskraft von **Action-RPGs**. Von ihm **herausfordernder Kampf** Und **weite Welt** zu seinem **tiefgreifende Anpassungssysteme** Und **Robuster Endgame-Inhalt**Es ist ein Spiel, das sowohl Zeit als auch Geschicklichkeit belohnt. Die kontinuierlichen Updates, die von der Community vorangetriebene Entwicklung und die saisonalen Ligen stellen sicher, dass kein Durchspiel dem anderen gleicht, und bieten den Spielern ein wirklich dynamisches Erlebnis.

Die Schönheit von *Path of Exile 2* liegt in seiner Anpassungsfähigkeit. Egal, ob Sie Solo-Herausforderungen genießen oder sich im Mehrspielermodus mit Freunden zusammentun, es gibt immer einen neuen Build zum Experimentieren, eine neue Strategie zum Erkunden und einen neuen Boss zum Besiegen. Für diejenigen, die von Komplexität leben und Spaß am Erlernen und Beherrschen tiefer

Mechaniken haben: *Path of Exile 2* bietet unzählige Stunden Spielspaß.

Es sind jedoch nicht nur die Spielmechaniken, die das Spiel so fesselnd machen – es sind die **Gemeinschaft**. Die gemeinsame Erfahrung, Geheimnisse zu entdecken, unmögliche Widrigkeiten zu überwinden und die Siege zu feiern, macht *Path of Exile 2* mehr als nur ein Spiel.

Es ist eine lebendige, atmende Welt, in der jeder Spieler seinen Beitrag zur sich entwickelnden Landschaft leistet. Egal, ob Sie Ausrüstung herstellen, mit anderen handeln oder sich saisonalen Herausforderungen stellen, es herrscht ein einzigartiges Gefühl der Kameradschaft *Pfad des Exils* Gemeinschaft.

Im Laufe des Spiels werden Sie feststellen, dass es die kleinen Siege sind – das Bewältigen schwieriger Herausforderungen, das Freischalten mächtiger Ausrüstung und die Zufriedenheit mit einer gut umgesetzten Strategie –, die das Spiel wirklich ausmachen *Path of Exile 2* eine lohnende Erfahrung. Jeder Sieg ist hart erkämpft und jeder Rückschlag stellt eine neue Lernmöglichkeit dar, was die Reise sowohl schwierig als auch unglaublich befriedigend macht.

Ermutigung für neue Spieler

Wenn Sie Ihre Reise gerade erst beginnen *Path of Exile 2*Lassen Sie sich von der Tiefe des Spiels nicht einschüchtern. Auch wenn es auf den ersten Blick überwältigend erscheinen kann, ist das **Lernkurve** ist Teil des Spaßes. Nehmen Sie sich Zeit, die Welt zu erkunden, mit verschiedenen Builds zu experimentieren und sich darauf einzulassen **Versuch und Irrtum** Verfahren. Die Komplexität des Spiels wird Sie belohnen, wenn Sie neue Systeme entdecken und verborgene Mechanismen aufdecken.

Hier sind einige Tipps für neue Spieler:

- **Beginnen Sie langsam**: Konzentrieren Sie sich zunächst darauf, die Grundlagen zu erlernen – verstehen Sie die **Kampfmechanik**, **Kartensysteme**, Und **Charakterentwicklung**. Beeilen Sie sich nicht durch den Inhalt; Nehmen Sie sich Zeit zum Experimentieren und Entdecken.
- **Nutzen Sie die Build-Vielfalt**: Eine der Freuden von *Path of Exile 2* ist die große Anzahl realisierbarer Builds, die Sie erstellen können. Während manche einschüchternd wirken mögen, gibt es nicht die eine „richtige" Spielweise. Experimentieren Sie mit verschiedenen Klassen und Fähigkeiten, um einen Spielstil zu finden, der zu Ihnen passt.

- **Nutzen Sie Ressourcen**: Es gibt viele Führer, **Community-Foren**, Und **Wiki-Seiten** Das kann Ihnen helfen, wenn Sie nicht weiterkommen oder Rat benötigen. Der **Path of Exile-Community** ist leidenschaftlich und unterstützend, also zögern Sie nicht, Hilfe zu suchen.
- **Setzen Sie sich kleine Ziele**: Setzen Sie sich überschaubare Ziele, sei es das Abschließen einer bestimmten Quest oder das Erreichen einer neuen Kartenstufe. Diese kleinen Siege werden Sie motivieren, während Sie durch den umfangreichen Inhalt des Spiels voranschreiten.
- **Keine Angst vor Fehlern**: *Path of Exile 2* ist ein Spiel von **Experimentieren**. Es kann sein, dass Sie bei Ihrem Körperbau oder Ihrer Ausrüstung Fehler machen, aber das ist alles Teil des Lernprozesses. Es stehen Respec-Punkte zur Verfügung, die Ihnen bei der Anpassung Ihres Builds helfen, während Sie lernen, was funktioniert und was nicht.

Zukünftige Updates und was Sie erwartet

Die Zukunft von *Path of Exile 2* ist hell, mit **häufige Updates**, **Erweiterungen**, Und **saisonale Inhalte** Das wird die Welt von Wraeclast weiter erweitern. Das Entwicklungsteam von Grinding Gear Games hat eine lange Erfolgsgeschichte darin, auf das Feedback der Spieler zu hören und das Spiel anzupassen, um sicherzustellen, dass es relevant, spannend und herausfordernd bleibt. Achten Sie im Verlauf des Spiels auf Folgendes:

- **Neue Akte und Story-Inhalte**: Es wird wahrscheinlich noch weitere geben **Handlungen** Und **Chefs** Sie werden in das Spiel eingeführt, führen die Erzählung fort und verleihen der Welt noch mehr Tiefe. Spieler können sich auf neue Quests, Überlieferungen und Handlungsstränge freuen, die das umfangreiche Universum des Spiels bereichern werden.
- **Saisonale Ligen und Mechaniken**: Jede neue Liga führt eine ein **neuer Mechaniker** oder **Gameplay-System**, was das Erlebnis für die Spieler völlig verändert. Diese zeitlich begrenzten Mechaniken bieten neue Herausforderungen, neue Herangehensweisen an das Spiel und einzigartige Belohnungen. Erwarten Sie noch mehr **innovative Ligamechanik** in der Zukunft.
- **Erweitertes Endspiel**: Der **Atlas** wird weiter wachsen und mehr Regionen, Herausforderungen und Bosse ins Spiel bringen. Spieler können erwarten **höherstufige Karten**, neu **Endgame-Bosse**, und zusätzlich **Belohnungen** für die Bewältigung dieser schwierigen Begegnungen.
- **Neue Handwerks- und Beutesysteme**: Zukünftige Updates könnten weitere beinhalten **Handwerkssysteme** und Möglichkeiten, Ihre Ausrüstung zu verbessern. Der **Beutewirtschaft** entwickelt sich ständig weiter und Aktualisierungen bringen wahrscheinlich mehr Optionen für

die Verbesserung Ihres Builds und die Erweiterung Ihrer Beutesammlung mit sich.

- **Leistungs- und Lebensqualitätsverbesserungen**: Die Entwickler arbeiten kontinuierlich an der Verbesserung **Leistung** Und **Benutzeroberfläche** des Spiels. Erwarten Sie Updates mit Schwerpunkt auf **Fehlerbehebungen**, **Gleichgewichtsänderungen**, Und **Verbesserungen der Lebensqualität** um das Erlebnis zu optimieren und das Spiel noch zugänglicher zu machen.

Als *Path of Exile 2* wächst und entwickelt sich weiter und bleibt auf dem Laufenden **zukünftige Erweiterungen** Und **Patchnotizen** hilft Ihnen dabei, Ihre Strategie anzupassen und Ihren Build für die neuesten Inhalte zu optimieren. Die Reise ist noch lange nicht zu Ende und es warten noch viele weitere spannende Herausforderungen auf Sie.

Abschließend

Path of Exile 2: Dawn of the Hunt ist mehr als nur ein Spiel – es ist eine lebendige, atmende Welt, in der Spieler ihren eigenen Weg zur Größe finden können. Egal, ob Sie gerade erst mit Ihrem Abenteuer beginnen oder sich schon mitten im Endspiel befinden, es gibt immer mehr zu entdecken, mehr Herausforderungen zu meistern und mehr Belohnungen zu verdienen. Die umfassende Spielmechanik, die fortlaufenden Updates und die starke Community stellen sicher, dass Sie immer etwas Neues finden, das Ihnen Spaß macht. *Entdecken Sie weiter, experimentieren Sie weiter und haben Sie vor allem Spaß* während du deinen Weg in der Welt von Wraeclast bahnst.

www.ingramcontent.com/pod-product-compliance
Lightning Source LLC
LaVergne TN
LVHW051341050326
832903LV00031B/3682